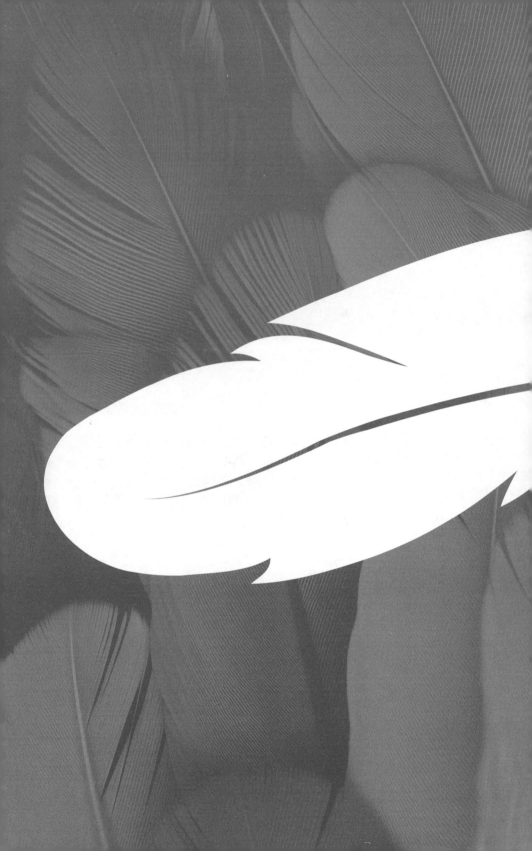

Histórias *reais*
Lições *imortais*

EMANUEL CRISTIANO

50
surpreendentes casos de um médium

InterVidas

Catanduva, SP • 2023

> É preciso ter um caos dentro de si para dar à luz uma estrela cintilante.

NIETZSCHE
[*Assim falou Zaratustra*]

Dedicatória

Dedico esta obra aos meus familiares:
– Lucilda Domingues e Dorbal Domingues (pais lutadores, amorosos e heroicos);
– Lucimara Domingues (minha irmã, mulher forte e corajosa); e
– Karina Stella Domingues Mariotto (minha sobrinha e alegria das nossas vidas).

Peço desculpas pelos trinta e cinco anos ausentes, pelas inúmeras comemorações de Natal a que não compareci; aniversários, dias dos pais, dias das mães e passagens de ano em que eu estava viajando para cumprir tarefas espíritas, ou no Centro de Estudos Espíritas Nosso Lar, e não pude conviver com vocês!

Dedico esta obra a Zilda Ferreira do Nascimento, amiga verdadeira de todas as horas, trabalhadora incansável do bem, por todo o apoio nesses últimos vinte anos.

Dedico esta obra a Elisabeth Cristina de Souza Silva, pelas duas décadas de trabalhos ininterruptos cuidando do Centro de Estudos Espíritas Nosso Lar e zelando por minha vida.

Dedico esta obra a todos os trabalhadores do Centro de Estudos Espíritas Nosso Lar: dirigentes, médiuns, dialogadores, elementos de apoio, entrevistadores, evangelizadores da infância, passistas, expositores, voluntários de toda ordem.

SUMÁRIO

1
INTRODUÇÃO
16

1
ACORDA QUE O SEU
FILHO ESTÁ MORRENDO
20

2
O COPO
DE LEITE
26

3
TERAPIA
DE VIDAS PASSADAS
30

4
MÃOS
CORTADAS
38

5
O EPISÓDIO
DE BAURU
42

6
NO RIO
DE JANEIRO
48

7
A QUEDA
NA AVENIDA
52

8
EMBAIXADA
CELESTE
56

9
O QUE ACONTECEU
COM VOCÊ?
60

10
NO
NORDESTE
64

11
A PROFECIA DO
SEU RAIMUNDO NONATO
72

12
O "ACIDENTE"
EM INDAIATUBA
76

13
A PROFECIA
DO ESPÍRITO
80

14
O RÉVEILLON
DO ANO 2000
86

15
NÃO SEI,
SÓ SEI QUE SEI!
92

16
O
PASSE
98

17
O DINHEIRO
DO PÃO
104

18
ESQUECIDOS
NA RODOVIÁRIA
108

19
CLARIVIDÊNCIA:
A MALA EM BIRIGUI
112

20
A PALESTRA
EM CATANDUVA
116

21
NA
ÁFRICA
120

22
FOGO
NO ÔNIBUS
128

23
O
MANICÔMIO
132

24
A MORTE DENTRO
DO FILÉ-MIGNON
138

25
ESCOLHENDO O BRASIL
PARA RENASCER
142

26
O SEQUESTRO
DE 2012
146

27
SENDO
AVALIADO
160

28
TRAGO O SEU AMOR
DE VOLTA EM TRÊS DIAS
164

29
UM TESTE
PARA A VAIDADE
172

30
A MOÇA DOS OLHOS
AMENDOADOS
178

31
ODEIO
VOCÊ
184

32
INTERFERÊNCIA
DOS ESPÍRITOS
190

33
O "ASSALTO"
EM SÃO PAULO
198

34
O SENHOR TEM
QUE DIZER QUE É
UM OBSESSOR
202

35
APARIÇÕES
EM PORTUGAL
206

36
AMEAÇA
DE MORTE
212

37
A MEDIUNIDADE
DA TIA MARIA
216

38
A
SEPULTURA
220

39
VOCÊ
ESTÁ BEM?
226

40
O DINHEIRO
NO CASACO
232

41
LEMBRANÇAS
DE OUTRA VIDA
236

42
NÃO VÁ
A ROMA!
244

43
CATETERISMO
ESPÍRITA?
250

44
O SOCORRO
NA PANDEMIA
254

45
DE NOVO
A CLARIVIDÊNCIA
262

46
NÃO
SOU EU!
266

47
SURPRESA
DOLOROSA
272

48
A MAIOR EMOÇÃO
DA MINHA VIDA
280

49
A CARTA
DE PIETRO AUGUSTUS
288

50
PIETRO AUGUSTUS
AVISA QUE VAI
REENCARNAR
296

P
POSFÁCIO
312

INTRODUÇÃO

A COMUNICAÇÃO DOS "MORTOS" COM OS VIVOS REmonta a tradições de todas as culturas.

Entretanto, somente o espiritismo possibilitou a comprovação de que alguns indivíduos têm uma estrutura orgânica mais sensível, capaz de captar a influência do mundo espiritual. A esses sensitivos, a ciência espírita denominou médiuns.

Com Allan Kardec, o mundo pôde conhecer um protocolo de segurança para o intercâmbio entre as duas realidades da vida.

Os Espíritos trouxeram uma dúlcida e consoladora mensagem: somos imortais! A vida não começa no berço e não termina no túmulo. Vivemos ontem, vivemos hoje e viveremos para sempre...

Este livro de recordações contém algumas das experiências e dos ensinos morais obtidos nos quase 50 anos de vida do médium Emanuel Cristiano em narrativas fortes, dramáticas e de delicado humor. Todas, porém, respeitáveis.

Pensamos que partilhar essa vivência com os demais irmãos, às vésperas do cinquentenário do médium, seria útil para a edificação geral.

Eis o que ofertamos, amigo leitor: não é uma biografia, muito menos a saga de um missionário; trata-se apenas das experiências de um companheiro de trabalho na seara mediúnica e na divulgação do espiritismo, ilustrando, timidamente, com os recursos mediúnicos de que dispõe, a interferência dos Espíritos na vida humana.

Isso é tudo!

Onde houver uma alma regelada pelo vazio da vida, que essas páginas levem esclarecimento, preenchendo e aquecendo o coração com a chama da imortalidade.

Desejamos aos médiuns espíritas que nos lerem aquela perseverança! Avançar sempre, vosso compromisso é com Jesus. Sob as bênçãos do alto ou sob o sol dos testemunhos, vosso dever é avançar.

Médiuns, jamais vos esqueçais de que muitos de vós saístes da vida do infinito comprometidos com a própria consciência.

Cumpri o vosso compromisso. Os livros da codificação representam a vossa segurança. Trabalhai com amor sem o peso inútil da imposição.

Carregai, pelo labor no bem, a palma do martírio junto ao peito e suportai a vossa cruz. Todo médium será testado e experimentado no seu sagrado mister, não há vitória sem esforço pessoal e sacrifício útil à humanidade. [*Jo* 15:13]

Quando diante dos elogios adulatórios, vosso maior perigo, cauterizai essa Hidra nefasta com o fogo da verdadeira humildade; ante as provas da vida, não vos abatais; ante as ofensas dos malvados, erguei a cabeça e marchai sem olhar para trás; face à injustiça e ao escárnio, resisti heroicamente; frente ao desânimo provocado pelos inimigos, encarnados e desencarnados, perseverai e não vos entristeçais, antes alegrai-vos, irmãos, porque a vossa coragem, a vossa renúncia, o vosso trabalho espiritual, a vossa seriedade, a vossa perseverança, o vosso compromisso com o Cristo e a verdade escreverão o vosso nome no livro dos céus. [*Lc* 10:20]

— NORA, outono de 2023[1]

---

1. Mensagem psicografada pelo médium Emanuel Cristiano. Nora é mentora espiritual do médium.

"Ante as provas da vida, não vos abatais; ante as ofensas dos malvados, erguei a cabeça e marchai sem olhar para trás; face à injustiça e ao escárnio, resisti heroicamente; alegrai-vos, irmãos, porque a vossa coragem, a vossa renúncia, o vosso trabalho espiritual, a vossa seriedade, a vossa perseverança, o vosso compromisso com o Cristo e a verdade escreverão o vosso nome no livro dos céus."

ACORDA QUE O SEU FILHO ESTÁ MORRENDO

CONSIDERO SER ESSE O PRIMEIRO FENÔMENO ME- diúnico desta minha reencarnação. Pedi à minha mãe, Lucilda Domingues, que narrasse o episódio.

Era o ano de 1974. Meu segundo filho, Emanuel Cristiano, havia acabado de nascer. No ano seguinte, tomado por uma forte infecção intestinal, o levamos para o hospital. Desprovidos de muitos recursos, procuramos o sistema público de saúde. Informaram-nos que só havia vaga para o bebê, pois o sistema não admitia acompanhantes.

— Mas eu fico de pé mesmo! – disse, quase chorando.
— Sinto muito! – respondeu o recepcionista.
— Eu não posso deixar o menino sozinho!
— Toda mãe deixa, por que a senhora é diferente?
— Não sei dizer, mas não posso deixá-lo!
— Então, queira se retirar!

Meu esposo, sem entender a situação, perguntou:

— Afinal, mulher, você quer salvar ou matar o menino?

Decidimos pagar pela assistência médica. Venderíamos tudo o que tínhamos se preciso fosse.

Durante três noites a criança gritou de dor. Na quarta noite, deu sinais de melhora. Exausta, sozinha com meu filho, fechei a porta do quarto e adormeci, em prece. De madrugada, alguém se aproximou de mim. Pegou nos meus braços e, de maneira forte, chacoalhou-me. Uma voz masculina grave disse com energia:

— Acorda que o seu filho está morrendo! Acorda que não vai dar tempo! Acorda que o menino vai morrer!

Despertei abruptamente, e olhei para a porta fechada. No quarto não havia ninguém, além de mim e do meu filho. Dirigi o olhar para o berço de metal, que tilintava. O menino estava sofrendo uma convulsão!

— Enfermeira! Enfermeira! – gritei.

Rapidamente, uma mulher apareceu na porta do quarto com uma prancheta nas mãos, perguntando de maneira arrogante e insensível:

— O que é?

— O meu filho está morrendo! – respondi.

— Não posso fazer nada!

— Você não está vendo? O menino está morrendo, faça alguma coisa! – implorei, aos prantos.

— Deve ser apenas uma reação passageira dos remédios – disse ela.

Então, como se minha mente tivesse sido invadida por um sopro divino, gritei sem saber o porquê:

— É o soro! Retira o soro dele!

— Só se a senhora assinar um termo de responsabilidade!

— Eu assino!

E o soro foi retirado. Mais tarde, o médico, durante a visita, constatou que a enfermeira havia ministrado o medicamento incorreto ao meu filho!

Os anos foram passando, e, a cada aniversário de Emanuel, recordo-me daqueles acontecimentos. Abraço o meu filho com ternura e me lembro de que houve um motivo para não o deixar sozinho! Creio que deve ser esse o papel dos pais: nunca os deixar sozinhos. Mesmo os criando para o mundo, devemos estar juntos em pensamento, sustentando-os sempre para a execução do bem!

Hoje, tenho certeza de que um bom Espírito ligado a nós veio para ajudar.

É claro que, se o meu filho tivesse desencarnado, pela lei da reencarnação haveria novas oportunidades. Mas, por uma razão qualquer, os bons Espíritos julgaram ser oportuno valorizar aquela reencarnação, o que fortaleceu a minha fé e a minha confiança absoluta nos desígnios divinos.

×××

Posteriormente, soubemos que o episódio foi promovido por Espíritos obsessores, inimigos da tarefa que o meu filho viria a desenvolver no mundo. Como mencionado nesta carta de Pietro Augustus:

Tua mãe, vez por outra, recorda, emocionada, o trinta de novembro de 1975, quando, hospitalizado, tiveste a vida salva por curioso fenômeno psíquico. Aproveitando-nos das tuas naturais expiações, julgamos perturbar a enfermeira que, naquele dia, confundiu os medicamentos. Quase te retínhamos nos braços, quando poderosa voz sacudiu a tua genitora que, repleta de luz, exigiu fosse o soro retirado, devolvendo-te a saúde. O que a senhora dos teus dias desconhece é que foram os teus guias que, ao nos surpreenderem os propósitos sinistros, clamaram aos céus por ti, salvando-te a vida.[2]

×××

Haverá, abaixo de Deus, poder maior do que o da oração de uma mãe pelos filhos? Isso me faz lembrar de uma frase atribuída a Chico Xavier: "Prece de mãe arromba a porta do céu."

No meu caso, parece que foi assim mesmo!

Deus é sempre misericordioso e bom.

---

[2]. Mensagem do Espírito de Pietro Augustus publicada em *Memórias e confissões: a saga de um Espírito convertido*. EAK: Campinas, SP, 2006. p. 233.

Haverá, abaixo de Deus, amor
maior do que o devotamento
de uma mãe pelos filhos?

"Prece de mãe arromba
a porta do céu."

Deus é sempre
misericordioso e bom.

O COPO DE LEITE

EU CONTAVA CERCA DE 9 ANOS DE IDADE. ESTAVA NA casa de minha avó paterna, Maria da Conceição Rodrigues.

Vi quando ela retirou da geladeira um saquinho de leite do tipo B (aqui, no interior de São Paulo, o saquinho era branco com escritos verdes). Era o leite mais caro que havia. Na minha casa, quase nunca tinha dele, e bebíamos o do tipo C (que vinha em um saquinho igualmente branco, mas com a escrita em cinza).

Repentinamente, notei que alguém invisível se aproximou de mim, e fui sentindo uma vontade imensa de beber leite. Mas eu não tinha o hábito de pedir comida ou bebida para a minha avó. Minha mãe nos educou muito bem, e esse costume de comer em casa de outras pessoas (ainda que de familiares) não era nosso, não!

2

Todavia, a vontade parecia se fortalecer, e senti quando o Espírito de uma criança mais ou menos da minha idade "entrou" no meu corpo. Imediatamente, pedi leite para a minha avó.

Ela ficou meio impactada, mas pegou o saquinho do leite tipo B, cortou o bico com uma tesoura e, quando ia colocar um pouco em um copo para me entregar, eu (isto é, o Espírito, por meu intermédio), pedi:

— Coloque em um copo grande!

Ela atendeu, um pouco espantada. Bebi todo o conteúdo, quase de um folego só.

Depois, o Espírito, colocando a mão na barriga, solicitou:

— Posso repetir? E a senhora pode encher até a boquinha do copo grande?

Ela aquiesceu e ficou me olhando, um pouco assombrada.

O Espírito, por meu intermédio, e eu bebemos tudo em um fôlego só, até cansarmos.

Mas que sabor tinha o leite! Era algo tão maravilhoso que eu não parava de beber. Minha avó ficou petrificada.

Quando terminei, vi o Espírito sair de "dentro de mim". Era um menino da minha idade, moreno, sorridente. Ao vê-lo, aconteceu algo muito simpático. Eu ri e apontei o dedo para ele, gargalhando, porque ele estava com um bigode branco de leite; simultaneamente, ele teve a mesma reação, e ergueu o indicador direito apontando para mim, e começou a rir e a me dizer que eu também estava com um bigode branco de leite.

Foi uma cena memorável.

Nesse instante, apareceu ao lado dele o Espírito de uma mulher muito linda, iluminada, que o conduzia o tempo todo, sem que eu a visse desde o começo. O pensamento dela me envolveu com tanto carinho – como o de uma professora do ensino fundamental – que pude escutar a sua voz terna, informando-me:

— Emanuel, ele morreu faz pouco tempo. Morreu de fome, mas vai renascer logo. Quando viemos buscá-lo, dissemos a ele que poderia fazer um pedido.

Nesse momento, vi a criança feliz e marota, interrompendo o Espírito amigo, dizendo:

— Eu pedi que queria tomar leite. Ela falou que conhecia um outro menino bonzinho que me daria o leite e me trouxe até aqui.

E abanando a mãozinha, despediu-se meio contrariado, como se quisesse ficar para brincar comigo, e desapareceu de mãos dadas com o Espírito que o levara até ali.

Jamais me esqueci da cena, e o leite nunca mais teve o mesmo sabor...

Repentinamente, notei que alguém invisível se aproximou de mim, e fui sentindo uma vontade imensa de beber leite.

Bebi todo o conteúdo, quase de um folego só.

Mas que sabor tinha o leite! Era algo tão maravilhoso que eu não parava de beber.

Jamais me esqueci da cena, e o leite nunca mais teve o mesmo sabor...

TERAPIA DE VIDAS PASSADAS

CREIO QUE ERA O ANO DE 1998. O CENTRO DE ESTUdos Espíritas Nosso Lar era recém-fundado. Eu era estudante universitário e, nas tardes de quarta-feira, comparecia ao centro para instruir as meninas que participavam das atividades na casa espírita. Era uma garotada bem aplicada; a mais jovem tinha por volta de 75 anos. Eu apresentava os conceitos do espiritismo e, com muita paciência, respondia a perguntas.

No dia da aula sobre perispírito, fiz os apontamentos necessários: expliquei suas funções e informei-lhes sobre a memória, demonstrando o papel dele como um dos responsáveis pelo registro de nossas lembranças. Disse também que, muito provavelmente, ele, o perispírito, é acessado quando as pessoas fazem terapia de vidas passadas. Informei-lhes sobre os perigos dessa prática e que ela não é abonada pelo espiritismo, e que somente profissionais que estudam os mecanismos da mente, em tese, teriam condições de manejar essas lembranças e ajudar os pacientes na

3

gestão das emoções trazidas do passado. Enfim, expliquei que tal intervenção não era recomendada e dei um exemplo para explicar melhor o conceito.

— O perispírito é como uma fita cassete: ele registra todas as nossas ações.

Para deixar a explicação mais clara, aproveitei o exemplo da caixa-preta de um avião. O termo vinha aparecendo muito na mídia, porque ocorrera um acidente internacional à época.

Por conta das atividades universitárias, fiquei ausente por algumas semanas. Nesse ínterim, uma senhora da sociedade, muito bem-posta, loura, com cabelos longos volumosos e unhas impecáveis passou a frequentar o centro. Ia com motorista particular. Logo, as meninas se encantaram por ela. A simpatia foi geral.

Um dia, essa senhora compareceu ao centro e foi logo informando:

— Meninas, meninas, novidade! Farei terapia de vidas passadas para saber qual princesa eu fui em minha outra vida!

As senhorinhas se entreolharam e uma delas disse:

— A irmã não deveria fazer isso, não!

— E por quê?

— Ai, porque o Emanuel não gosta!

— E quem é esse tal de Emanuel?

— É o mocinho que vem dar aulas para nós.

— E por qual motivo ele não gosta?

— Parece que tem a ver com quem anda de avião!

— Isso mesmo – disse outra –, ainda mais se o avião tiver caixa-preta, aí é uma desgraça. Ele disse que não pode.

Uma outra completou:

— Exatamente, andou de avião, nada de regressão de memória.

A senhora recém-chegada ficou ensandecida, e disse:

— Mas o que é isso? Esse moço está perturbado, isso é um absurdo! Deem-me o telefone dele!

Naquele tempo, como o centro era pequenino, não costumavam resguardar os dados dos trabalhadores, e logo o meu número foi parar nas mãos dela.

Uma tarde, eu estava em casa, estudando lógica aristotélica, quando o telefone tocou.

— Quem fala? – perguntou a voz do outro lado da linha.

— Emanuel.

— Ah, então é o senhor que anda indo lá no Centro Nosso Lar para ensinar espiritismo errado para as meninas, não é?

Fiquei atônito, pois não era isso o que eu fazia. Sempre fui muito responsável. Argumentei que deveria ser um engano, mas ela não quis ouvir e continuou:

— Pois fique sabendo que farei terapia de vidas passadas, você querendo ou não querendo. O espiritismo é doutrina de liberdade e perturbados como você desfiguram a doutrina.

E falou as mais diversas barbaridades. Para entender o que tinha acontecido e tentar acalmá-la, eu a interrompi, perguntando:

— Qual é o seu nome, senhora, por gentileza?

Ela pareceu ficar mais irritada e metralhou:

— Acha que vou dizer o meu nome para que ande na boca de qualquer um? Nada disso! O senhor trate de...

Nesse momento, veio sobre mim o "Espírito Santo", e disparei:

— Isso mesmo, minha senhora, faça, sim, terapia de vidas passadas para ver, quem sabe, se a senhora lembra em qual vida perdeu a educação! – e desliguei o aparelho.

×××

Passaram-se algumas semanas.

Um dia, às três horas da madrugada, toca o meu telefone.

— Alô!

— Por favor, o seu Emanuel – pediu a voz do outro lado da linha.

— Pois não!

— Seu Emanuel, sou eu!

— Não conheço ninguém com esse nome: eu!

— Sou eu, seu Emanuel, a mulher da terapia.

— Não me diga que a senhora ligou para me ofender?

— Não, seu Emanuel, liguei para dizer ao senhor que eu fiz a terapia.

— Não podia ter esperado amanhecer, pelo menos?

— É que na terapia eu me lembrei de que morri na outra vida.

— Minha senhora, se teve outra vida, teve de morrer mesmo, não acha?

— Não, seu Emanuel, eu me lembrei de que morri traspassada por uma espada. Imaginei que teria apenas uma vaga lembrança da outra vida, eu não sabia que lembraria da dor também. E estou há duas semanas com um desconforto terrível, o meu estômago não para de doer. O senhor pode me ajudar?

— E por que a senhora não liga para o seu terapeuta? Não pagou a consulta?

— Paguei caríssimo, ele é um homem muito importante e famoso.

— Então, ligue para ele!

— Acha, seu Emanuel, que a gente liga para uma pessoa de bem às três horas da manhã?

Fiquei abismado com aquele telefonema e concluí:

— Farei uma oração pela senhora amanhã, às oito horas da manhã, quando acordar. Passe bem!

E desliguei o telefone sentindo uma felicidade...

xxx

Deixando de lado o humor, acolhemos a senhora no dia seguinte com orações e passes, e ela se equilibrou.

O mais curioso foi notar o julgamento das pessoas e o desprezo pelas informações seguras da doutrina. Além disso, aprendi que comunicação não é, propriamente, o que falamos, e, sim, aquilo que o outro entende.

Para as meninas de quarta-feira à tarde, foi mais fácil dizer que eu não gostava da terapia de vidas passadas do que fazer o exercício intelectual de recordar os preceitos estudados e contá-los à nova frequentadora do centro.

Uma linda lição para quem precisa se aperfeiçoar na arte de irradiar espiritismo pela palavra.

Um dia, às três horas da madrugada, toca o meu telefone.

— Seu Emanuel, sou eu!

— Não conheço ninguém com esse nome: eu!

— Sou eu, seu Emanuel, a mulher da terapia de vidas passadas. Eu fiz a terapia. É que na terapia eu me lembrei de que morri na outra vida.

— Minha senhora, se teve outra vida, teve de morrer mesmo, não acha?

MÃOS CORTADAS

OS DESAFIOS DOS MÉDIUNS QUE SE ESFORÇAM POR servir a causa do evangelho são muitos! É preciso compreender que o bem exige trabalho, renúncia, coragem e resistência.

Sou médium desde a infância, mas a mediunidade começou a aparecer de modo ostensivo quando eu contava 17 anos e frequentava, de maneira muito fervorosa e disciplinada, as reuniões mediúnicas do Grupo Espírita Cairbar Schutel em Campinas, no estado de São Paulo.

Os Espíritos amigos agiram, por meu intermédio, de modo bastante inteligente. Apresentaram-se com nomes simples e desconhecidos, mas com um projeto: chamar a atenção dos responsáveis do centro por meio de mensagens, inicialmente, singelas, mas bem compostas e de conteúdo doutrinário correto.

Foi assim que um Espírito amigo e anônimo que se apresentou com o nome de Nora (que, mais tarde, viria a se revelar como minha orientadora espiritual) passou a escrever textos espíritas.

Logo, a professora Therezinha Oliveira percebeu a qualidade superior, e passou a analisar e a dar publicidade às mensagens que essa generosa entidade produzia.

Rapidamente, os Espíritos começaram a produzir trabalhos literários de mais qualidade, abrindo um vasto campo de atividade para nós. Entretanto, toda tarefa no bem exige testemunhos, e eles chegaram na mesma velocidade da produção das entidades amigas.

×××

Lembro-me do dia em que o Espírito de Nora iniciou as páginas do que viria a ser o livro *Aconteceu na casa espírita*. Não tínhamos a pretensão de escrever um livro, mas identifiquei logo que a obra teria valor.

Durante o transe mediúnico, enquanto meu braço escrevia, adversários espirituais apareciam e ameaçavam cortar os meus punhos. Projetavam sobre a mesa facas e cutelos e eu ouvia o som forte do metal batendo na madeira da mesa de trabalhos. Era algo curioso, porque o Espírito escritor me inspirava coragem e confiança, e meu cérebro parecia estar dividido.

Outras vezes, eles procuravam me desconcentrar, projetando o cutelo sobre meus punhos em uma espécie de carnificina, separando minhas mãos do antebraço. Eu me assustava, tencionava gritar, desconcentrava-me... Fui advertido pela benfeitora:

— Se desejas concluir a tarefa, terás de acostumar-te.

Quando indaguei o porquê de ela permitir que eles agissem daquela forma, a resposta foi uma lição de pedagogia:

— A que te referes? Aos adversários espirituais, esses que estão ao nosso lado tentando nos perturbar? São crianças crescidas, meu filho! Logo desistirão. São nossos irmãos em humanidade escravizados ao próprio passado. É o modo que têm de solicitar ajuda. Vamos, não te detenhas e trabalha em silêncio.

E assim comecei a perceber que aquele relato, que mais tarde se tornaria o livro *Aconteceu na casa espírita*, faria alguma contribuição ao nosso movimento espírita pela insistência dos opositores em nos perturbar.

Imaginei que eles dariam uma trégua, entretanto...

Mais de vinte anos depois, eles continuam perturbando. Quando penso em pedir ajuda, ouço o Espírito de Nora, dizendo: "Trabalha em silêncio!"

Adversários espirituais apareciam e ameaçavam cortar os meus punhos.

Indaguei o porquê de Nora permitir que eles agissem daquela forma.

— Os adversários espirituais são crianças crescidas, meu filho! Logo desistirão. São nossos irmãos em humanidade escravizados ao próprio passado. É o modo que têm de solicitar ajuda. Vamos, não te detenhas e trabalha em silêncio.

O EPISÓDIO DE BAURU

NAQUELES IDOS DOS ANOS 2000, EU JÁ REALIZAVA palestras pelo interior de São Paulo, e recebi um convite da União das Sociedades Espíritas (USE) de Bauru para proferir algumas naquela região. Fizemos amizade com a companheira Olinda Maria dos Santos, que naquela época era a dedicada e incansável presidente do referido órgão de unificação.

No ano de 2001, com o livro publicado, eu nada contara aos amigos sobre a obra que já se fazia conhecida. Mas eles ligaram o nome do médium àquele rapaz que visitara a cidade, em palestras, oportunamente. Foi aquele entusiasmo! No mesmo ano de 2001, Olinda me pediu que fizesse um seminário sobre a obra. Era a primeira vez que falaria sobre o assunto.

Naquele período, eu já era presidente-fundador do Centro de Estudos Espíritas Nosso Lar. Seguindo a orientação de Jesus – na pregação, ide de dois em dois [*Lc* 10:1] –, eu sempre procurava levar comigo um jovem da nossa mocidade espírita que estivesse disponível nos fins de semana. Foi assim que me acompanhou o jovem idealista Ricardo Rodrigues Escodelário.

Chegamos a Bauru na sexta-feira e fomos até a cidade de Agudos falar no Centro Espírita André Luiz. O tema abordado foi a vida de Francisco de Assis. A noite foi tão especial que voltamos felizes; o céu estava estrelado e falávamos de coisas edificantes.

De retorno ao pequeno hotel – um hotel antigo, do comércio –, depois de já haver lanchado na instituição espírita e exaustos das atividades da semana, da viagem de ônibus e da palestra, desmaiamos de sono.

De madrugada, algo inesperado aconteceu. Em atividades assim, não costumávamos sequer ligar o aparelho de TV, preferíamos uma pequena leitura, prece e cama.

Durante a madrugada, repentinamente, a televisão que não tinha controle remoto e era antiga – de tubo –, ligou sem que nenhum de nós a tivéssemos acionado. Era preciso levantar-se para ligá-la. Não havia nem mesmo a possibilidade de acioná-la por algum botão na cabeceira.

Ao se "autoligar", ela passou a transmitir um "canal fora do ar" e no último volume, com aquele chiado característico.

Acordei, vi o que acontecera e tencionei acalmar o meu amigo, que parecia despertar na cama ao lado.

Quando comecei a balbuciar a frase: "Calma que é só a TV...", apareceram-me uns vinte homens com varapaus e cassetetes que avançaram sobre mim. Eu não sabia que era uma visão psíquica, porque eles me pareciam muito "concretos". Imaginei que o hotel estava sendo assaltado. E como sou um homem de muita coragem, comecei a gritar. Gritava, gritava...

Meu amigo Ricardo, que é médium pedra (não vê, não ouve, não fala etc.), acordou com meus gritos, viu a TV fora do ar e se aproximou para me acalmar. Eu, pensando que ele era um ladrão também, passei a gritar ainda mais. Foi um horror!

Subitamente, eles desapareceram da minha visão, reconheci o meu amigo e quase desencarnei de vergonha. Porque ele e outros, há anos, ouviam-me falar da tribuna em aulas de educação da mediunidade: "O médium precisa ter a sua proteção. O médium precisa ter coragem..." E, naquele momento, eu era a prova viva da covardia. Meu corpo foi tomado por um tremor incontrolável. E quando eu estava quase tranquilo, o meu amigo Ricardo fez algo "maravilhoso" para me acalmar. Olhando para o entorno, como se procurasse algo, começou a dizer:

— Emanuel!

— Que foi? – respondi.

— Eles ainda estão aqui, sinto que o ambiente pesou.

Deu-me um arrepio de pânico e começamos a orar. Dois homens, com mais de 20 anos de idade cada um, naquela noite ficamos com a luz acesa no quarto de hotel.

Às seis horas da manhã, quando a hospedaria liberou o café, já estávamos acordados, de banho tomado e mortos de cansaço. Eu pensava: "Como é que farei o seminário hoje? É possível que desmaie de sono no meio da palestra."

Quando às sete e meia a querida Olinda nos apanhou, executando o que manda a boa educação, perguntou:

— Passaram bem à noite?

Ricardo e eu nos fitamos, olhos arregalados, e respondemos em uníssono sem que tivéssemos combinado:

— Foi a melhor noite de nossas vidas...

Sorrimos em silêncio!

×××

Foi claramente uma atuação das trevas para nos perturbar e impedir o nosso trabalho. Mas, durante a apresentação, os bons Espíritos se fizeram presentes, enchendo-nos de ânimo e entusiasmo. Tudo se cumpriu segundo a vontade de Deus!

Apareceram-me homens com varapaus e cassetetes que caíram sobre mim. Eu não sabia se era uma visão psíquica, porque eles me pareciam muito "concretos". Imaginei que o hotel estava sendo assaltado. E como sou um homem de muita coragem, comecei a gritar. Gritava, gritava...

NO RIO DE JANEIRO

A PRIMEIRA VEZ QUE VISITEI A CIDADE MARAVILHOsa foi no ano de 2002, a convite do dr. Hélio Ribeiro.

Inicialmente, foi a cidade de Niterói que me recebeu com amor e fraternidade. Depois, visitei outras cidades do precioso estado.

O dr. Hélio Ribeiro é um notável advogado, além de orador e médium espírita. À época, era o presidente da Federação Espírita do Estado do Rio de Janeiro e presidente do Centro Espírita Casa de Batuíra. Tem uma longa folha de serviços prestados à humanidade. Homem íntegro e correto, representa o espiritismo na sua mais bela pureza.

A palestra estava marcada para um domingo pela manhã, na cidade de São Gonçalo, onde fica a sede do Centro Espírita Casa de Batuíra, obra com uma nobre atividade doutrinária e de promoção humana.

Na madrugada de sábado para domingo, no mês de setembro, caiu sobre Niterói uma tempestade terrível. Escutava o zunir do vento, mas não me preocupei.

6

Tudo foi ficando muito barulhento, e o medo me visitou. Pensei em descer, mas fiquei um pouco envergonhado e dominei as emoções.

Era um hotel modesto. Repentinamente, comecei a ouvir de longe um tilintar, como que de vidros quebrando. Agucei os ouvidos e o som foi aumentando. De repente, as janelas do meu quarto se estilhaçaram com um barulho ensurdecedor. Nesse caso, não teve jeito: desci meio amedrontado. Na recepção do hotel, uns trinta homens igualmente apavorados.

Do lado de fora, defronte ao hotel, havia um prédio imenso em construção. Uma perua Kombi, que levava funcionários a uma empresa, parou bem na frente do edifício. Pela porta principal do hotel, assistíamos à cena das pessoas aflitas.

Repentinamente, uma placa imensa de concreto do prédio em construção desabou sobre a perua, fazendo seus vidros explodirem. Foi uma correria sem fim. O vento zunia, a chuva cortava, a porta do hotel balançava, homens fortes da construção civil choravam e eu pensava: "Jesus, vim de tão longe para morrer aqui no Rio de Janeiro?"

As pernas tremiam, o peito arfava, o povo gritava e, para não deixar o pessoal gritando sozinho, comecei a gritar também!

Pensei nos guias, procurei por Nora, e nada. Até para Santa Clara, apelei. Imaginei que os guias estivessem muito ocupados.

Amanheceu, a tempestade acalmou. Não havia energia elétrica de Niterói a São Gonçalo. Ponderei que, talvez, a palestra não ocorreria.

Aprontei-me e, na hora marcada, a pessoa destacada para o traslado compareceu. Tomamos o carro e fomos vendo a tragédia provocada pela chuva. Cogitei que não haveria ninguém na atividade. Mas... surpresa: salão lotado!

Iniciamos o tema sem energia elétrica. Alguém da equipe deixou a câmera de filmagem carregando no dia anterior, então havia bateria para o registro. A palestra foi filmada e, quando os amigos assistiram ao vídeo, viram fenômenos luminosos sobre os presentes durante a exposição doutrinária. Sem dúvida, um presente do mundo espiritual pelo esforço de tanta gente para a divulgação do espiritismo.

O vento zunia, a chuva cortava, a porta do hotel balançava, homens fortes da construção civil choravam e eu pensava: "Jesus, vim de tão longe para morrer aqui no Rio de Janeiro?"

As pernas tremiam, o peito arfava, o povo gritava e, para não deixar o pessoal gritando sozinho, comecei a gritar também!

A QUEDA
NA AVENIDA

EM OUTRA OCASIÃO, FIZ UM PÉRIPLO POR VÁRIOS centros espíritas do Rio de Janeiro. Palestras de manhã, à tarde e à noite naquele fim de semana prolongado.

No retorno, quando amigos queridos me levaram ao aeroporto, eu estava exausto, porém firme e atuante, conversando e atendendo aos companheiros.

Quando estávamos próximos ao aeroporto Santos Dumont, um dos componentes do grupo desceu, e eu deveria ajeitar as malas e me posicionar no banco ao lado do motorista para facilitar minha saída. Abri a porta traseira e saltei do carro. Inadvertidamente, o automóvel deu marcha à ré e caí estatelado na avenida supermovimentada, rolando no solo e desviando dos carros que passavam em alta velocidade.

Quando me recompus, assustado, vi no meio da rua um dos Espíritos adversários que por vezes me persegue acompanhado de uma turba de malfeitores espirituais, dizendo enquanto gargalhava:

7

— Ainda não foi dessa vez! Nunca mais venha ao Rio de Janeiro. Meus camaradas não querem espiritismo por aqui.

E, mudando o semblante para o de uma carranca de ameaça, gritou antes de desaparecer:

— Um dia, mataremos você!

O motorista do carro se aproximou, chamando-me pelo nome e me arrancando do transe. Pediu desculpas, dizendo não saber o que tinha acontecido.

No aeroporto, sozinho e pensativo, enquanto aguardava o voo, louvei a Deus pela proteção e compreendi que Espíritos infelizes não desejam o avanço da humanidade. A ação deles será sempre limitada face às leis divinas que determinam o progresso e o bem aos seres humanos. Certas presenças espirituais, que se traduzem em perseguições, são muitas vezes provas para nos fortalecer.

Abri a porta traseira e saltei do carro. Inadvertidamente, o automóvel deu marcha à ré e caí estatelado na avenida supermovimentada, rolando no solo e desviando dos carros que passavam em alta velocidade.

Quando me recompus, assustado, vi no meio da rua um dos Espíritos adversários dizendo enquanto gargalhava:

—Ainda não foi dessa vez!

EMBAIXADA CELESTE

O CONFRADE ADEILSON SALLES, DEDICADO TRABA-lhador do espiritismo, à época residindo no Guarujá, litoral de São Paulo, convidou-me para o seminário do livro *Aconteceu na casa espírita*. Eu deveria apresentá-lo na Câmara Municipal daquela cidade.

Saímos de Campinas meu pai Dorbal Rodrigues, dona Julieta Closer – que nos emprestou o seu carro para a viagem – e eu.

Ao chegarmos à cidade foi aquela alegria entre os companheiros espíritas. Já na Câmara Municipal, após os protocolos para os eventos públicos, iniciei a palestra.

Tudo ia muito bem, e vi o Espírito de Nora entrar no auditório. Ela se posicionou ao meu lado, muito delicada e cuidadosa, e foi aconchegando o seu pensamento junto ao meu. Quando o conteúdo permitiu, ela me envolveu com intensidade, e, por meio da minha boca, disse:

— Cada casa espírita é uma embaixada celeste na Terra.

Fiquei confuso porque, naquele momento, não me ocorria a definição de embaixada. E se alguém me perguntasse, interrompendo a palestra e discordando, o que eu poderia fazer?

Dentro da minha angústia, ela me envolveu mais intensamente e explicou:

— Uma embaixada é uma instituição que representa um país em outro; a casa espírita é a instituição que representa o plano espiritual na Terra. Portanto – concluiu ela –, os trabalhadores do centro espírita são os embaixadores e as embaixadoras do espiritismo no planeta.

A partir dali, passamos a discorrer sobre as responsabilidades das atividades espíritas nos núcleos de espiritismo. E fiquei a meditar sobre os recursos do mundo espiritual... E sobre como eles têm condições para nos auxiliar quando trabalhamos para o bem e para a verdade!

*O público fazia perguntas e
eu respondia sem respond
tropeçava nas palavr
sentia confusão me*

*— O que aconteceu c   ocê?
Por que o seu guia f embora?*

Admirado, perguntei:

— O senhor também o viu?

*— Não foi nem preciso,
porque o rapaz que fez a
palestra foi um, genial e
vibrante, e o das perguntas
foi outro, obtuso e gago!*

NO NORDESTE

A PRIMEIRA VEZ QUE ESTIVE NO NORDESTE FOI UMA felicidade traduzida em aventura. O convite fora feito por um grupo entusiasmado com o espiritismo.

Isso foi há muitos anos. Voei de VASP e a passagem contemplava paradas nas principais capitais brasileiras. A viagem durou onze horas!

Ao desembarcar, estava com muita fome, e o meu anfitrião foi logo dizendo:

— Emanuel, participaremos de um programa de rádio, de uma entrevista para o jornal impresso e de um programa de TV. Tudo isso antes da palestra de hoje.

Atrevi-me e perguntei:

— E o almoço?

Ele me olhou com indignação.

— Não temos tempo para isso! – exclamou ríspido, pegando-me pelo braço e me lançando ao carro.

10

Cumprimos todas as tarefas até chegarmos ao programa de televisão. Tudo muito elegante e organizado. Era um programa de culinária e entrevistas com muita audiência naquela cidade.

O tema de uma das palestras que faríamos era "Sono e sonhos". O da palestra daquela noite era "Imortalidade da alma".

Eu já estava posicionado, com o microfone ajeitado, maquiado e sorria para aparecer bem na televisão.

A âncora do programa, uma jornalista inteligente e simpática, anunciou-me dizendo:

— Temos hoje aqui a honra de receber Emanuel Cristiano, um conferencista de São Paulo. Ele abordará um dos temas que nos trouxe: "Sono e sonhos". Mande o seu sonho pelo nosso telefone que ele interpretará no ar!

Fiquei apavorado. Interpretar sonhos em nome do espiritismo e ainda na TV, ao vivo? Jesus!

Olhei para o meu anfitrião, fiz uma cara de interrogação e ele me respondeu com deboche e com a típica alegria nordestina:

— Se vira, meu irmão!

Eu já conseguia me ver com um turbante, com o povo a me chamar de "Pai Emanuel". As linhas de telefone ficaram congestionadas com tantas ligações de pessoas e seus sonhos a ser interpretados. Suei frio, fiquei ofegante, mas com fé segui e fiz o possível.

Com a repercussão do programa, o Teatro Municipal, que comportava setecentas pessoas, superlotou: quase mil pessoas compareceram.

Falei por uma hora e quarenta minutos sobre a imortalidade da alma, a comunicabilidade dos Espíritos e a influência deles na vida humana, apresentando a tese espírita.

Como o evento atraiu muita gente, até a cúpula política da cidade estava presente. Um vereador me ofereceu carona ao hotel.

No caminho, ele me contou episódios de sua vida sem que eu conseguisse dar muita atenção. Quando estou em um estado de extrema exaustão como estava nesse dia – a viagem longa, a agenda do dia, o programa de TV, a exposição doutrinária e o atendimento ao público –, costumo acionar o modo automático de comunicação, e tudo o que me dizem eu respondo com um "Que lindo..." para que a conversa não renda muito.

Só que o vereador me contou uma tragédia familiar, que eu respondi com um sonoro e sem noção: "Que lindo!"

Ele ficou impactado! Expliquei a ele que não estava me sentindo muito bem e, de fato, não estava. Sentia-me febril, com dores pelo corpo, uma pressão no peito. Ele se ofereceu para me levar ao médico, mas dispensei, pedindo a ele que apenas apressasse a viagem para o hotel.

Ao subir e abrir a porta do quarto, lancei-me sobre a cama, aguardando a morte. Daquele dia eu não passaria. Tinha uma sensação horrível de esvaziamento de energias.

Fiquei em silêncio por alguns instantes e a morte não apareceu, mas mandou mensageiros. E os mortos vieram. Inesperadamente, comecei a ouvir:

— Diga para o meu marido não chorar tanto por mim.

Uma outra voz feminina pedia:

— Diga para o meu irmão não brigar tanto pela herança da família.

Uma voz idosa solicitava:

— Fale para o meu neto não desistir.

E foram tantos os pedidos que, quando abri os olhos, o quarto do hotel estava lotado.

Fiquei muito assustado. Até que vi um Espírito que me é amigo atravessar a porta do apartamento e dirigir todos os Espíritos, um a um, à saída, dizendo:

— Agora não é possível, o médium não está disponível no momento, mais tarde avaliaremos o seu pedido, por favor para a saída, por gentileza...

Ao terminar, imaginei que ele viria me socorrer, dar um passe, fazer uma oração, mas... Ele sorriu gentilmente e desapareceu. Eu achei que aquela era a hora da morte. Orei e pensei em minha mãe. Adormeci.

No dia seguinte, o telefone do hotel tocou. Acordei com o tilintar do aparelho. Era a minha mãe.

Naquela época, não tínhamos celular, quase ninguém tinha. A pedido de minha genitora, sempre que eu saía deixava com ela o número do telefone do local onde estaria, número do quarto e tudo mais para que ela pudesse ter notícias minhas.

Quando atendi o telefone, ela foi logo me perguntando:

— O que aconteceu com você na noite passada?

— Nada, mãe.

— Não minta!

— Por quê? – perguntei.

— Por quê? Essa noite eu fui orar por você e quase morri. O que aconteceu?

Meio contrariado, contei o sucedido e pedi a ela que orasse mais por mim, ao que ela respondeu:

— Mais, meu filho? Se eu aumentar as preces, não farei outra coisa. Tome juízo, menino!

Desliguei o telefone e fiquei a pensar...

"Meu Deus, o que houve? Saí de casa preparado, oração feita, conteúdo das palestras estudado, não trouxe vaidade na bagagem, atendi ao público, dediquei-me com amor, não fiz nada de errado. O que aconteceu?"

Foi quando o Espírito de Nora apareceu e me esclareceu:

com o sangue; o serralheiro, com o ferro; o professor, com os alunos; e o médium, com os Espíritos. Agora – finalizou ela –, imagine se tu não estivesses usando o escudo da verdade e a espada da fé? Estarias, certamente, em algum manicômio deste país. Nunca te afastes de Jesus e de Kardec. Eles serão, para sempre, a tua verdadeira proteção. Confia e segue sem desanimar!

— Emanuel, tu não falaste para mais de novecentas pessoas sobre a imortalidade da alma? Não informaste que os Espíritos podem se comunicar através dos médiuns? Não explicaste ao público o que é a mediunidade e os métodos de segurança de Allan Kardec e o espiritismo? Pois então, ao falares para quase mil pessoas encarnadas, esqueceste de computar o número de desencarnados presentes, que, no nosso caso, era quatro vezes maior que o do público dos vivos. Os mortos também ouviram a tua oratória e vieram atrás do telefone para mandar mensagens aos parentes vivos. Aprende meu filho: mediunidade é coisa santa.

— Mas, senhora – protestei –, eu santifiquei a mediunidade, fiz tudo certo.

— Sim, Emanuel – disse ela com ternura –, fizeste tudo certo! Só não consideraste que a exposição pública nos coloca entre vivos e mortos. Graças à tua seriedade e ao teu idealismo, foi possível proteger-te da ação intensa dos necessitados. Continua firme e aprende que o fato de estares preparado não te livrará da influência. É natural que os Espíritos te procurem, dadas as informações que consolam. Esteja sempre em guarda e conta com Deus. Durante a palestra, poupamos os teus olhos para que não te perturbasses, mas centenas de Espíritos foram socorridos e outros tantos se sensibilizaram. Aguenta firme, toda tarefa tem testemunho. O cirurgião estará sempre às voltas

"Aguenta firme, […]
tem testemunho […]
estará sempre à […]
o sangue; o serr[…]
o ferro; o profe[…]os
alunos; e o méd[…]n os
Espíritos. Se nã[…] vesses
usando o escudo [da v]erdade e a
espada da fé, esta[ria]s em algum
manicômio deste país. Nunca
te afastes de Jesus e de Kardec.
Eles serão, para sempre, a tua
verdadeira proteção. Confia
e segue sem desanimar!"

A PROFECIA DO SEU RAIMUNDO NONATO

EU CONTAVA QUINZE JANEIROS E FREQUENTAVA, aqui em Campinas, SP, minha cidade natal, o Grupo Espírita Cairbar Schutel. Esse centro se localiza, ainda hoje, à avenida Engenheiro Antônio Francisco de Paula Souza, número 790, na Vila Marieta.

Seu Raimundo Nonato era o dirigente do grupo de estudos de *O livro dos Espíritos*. Na sequência dos estudos, havia a parte mediúnica.

Eu estava sentado à mesa. Os trabalhos estavam quase no fim, e as entidades amigas manifestavam palavras de carinho e de amparo. Já próximo da prece final, seu Raimundo se levantou, postou-se atrás de mim e colocou seus dedos indicadores, como duas pontas, um em cada ombro meu, dizendo, mediunizado:

— Meu filho, você ainda é bastante jovem, mas há um grupo enorme de Espíritos querendo trabalhar com você. Seu trabalho será árduo, intenso; mas não se preocupe, pois nunca faltará tarefa na seara para você. Siga confiante e jamais desista. Um trabalho grande lhe espera.

Sinceramente, à época, não acreditei.

Não é que eu desconfiasse da mediunidade de seu Raimundo, que era um homem muito sério e verdadeiro. É que achei mesmo que o Espírito tinha errado a pessoa. Eu era um estudante do ensino médio (antigo colegial) e tinha o desejo de fundar um centro de espiritismo. Mas achava que era apenas um sonho de adolescente empolgado. Nunca imaginei que o sonho pudesse se tornar realidade.

Embora jovem, eu já estava intensamente envolvido com o espiritismo. Matriculei-me em todas as campanhas de caridade, frequentava o centro todas as noites, às quartas-feiras à tarde, aos sábados à noite e aos domingos pela manhã. Ajudava nos bazares, carregava móveis, e arrumava e catalogava a biblioteca do centro. Fiz a campanha da *pizza*, um bingo beneficente para a Creche Mãe Cristina (obra social do Grupo Espírita Cairbar Schutel) e já frequentava a mocidade espírita do Centro Espírita Allan Kardec na mesma cidade. Eu trabalhava muito, mas, para mim, aquilo não era nada. E fiquei imaginando que tarefa grande os Espíritos me dariam.

Os anos correram e vieram:

- as palestras pelo interior de São Paulo;
- a fundação do Centro de Estudos Espíritas Nosso Lar;
- os livros psicografados;
- as palestras nacionais e internacionais;
- as obras sociais nas favelas;
- a fundação da revista *Fidelidade Espírita* com mais de cinco mil assinantes;
- a compra do terreno para a sede própria do centro na rua Doutor Luíz Silvério;
- a conquista do terreno do Jardim São Gabriel com cinco mil metros para a construção do Colégio Allan Kardec;
- a ampliação das atividades do Centro de Estudos Espíritas Nosso Lar, que, nos dias de hoje (antes da pandemia), conta com seis mil alunos matriculados em cursos gratuitos de espiritismo;
- o restaurante Nosso Lar;
- o bazar unidade Ponte Preta com mil metros quadrados de loja;
- o bazar unidade São Martinho com oitocentos metros quadrados de loja;
- o bazar unidade Campo Grande com trezentos metros quadrados de loja.

Sim...

Creio que o Espírito estava certo: um trabalho grande, com a ajuda de muitos corações. Mas ainda não é um grande trabalho; teremos de lutar muito para que esteja à altura de Jesus.

"Meu filho, você ainda é bastante jovem, mas há um grupo enorme de Espíritos querendo trabalhar com você. Seu trabalho será árduo, intenso; mas não se preocupe, pois nunca faltará tarefa na seara para você. Siga confiante e jamais desista. Um trabalho grande lhe espera."

Sim... Creio que o Espírito estava certo: um trabalho grande, mas ainda não é um grande trabalho.

O "ACIDENTE" EM INDAIATUBA

EM 1995, AOS 21 ANOS, EU TRABALHAVA COMO REPRE-sentante comercial. Tinha, portanto, de viajar às cidades vizinhas a Campinas, SP. Minha tia Dora (Dorize) trabalhava na mesma empresa e exercia uma função idêntica. Então, estávamos sempre juntos.

Em uma tarde de verão, o carro (um Chevette de cor cobre e com quatro portas) horroroso apresentou uma alteração elétrica, a buzina começou a disparar e o volante, inadvertidamente, começou a travar.

Tive uma ideia: desligar a buzina.

Ao passar por um cruzamento, distraído com o volante que travara com o carro em movimento, não consegui freá-lo e uma perua Kombi bateu em cheio na minha porta. Naquele tempo, a obrigatoriedade do uso de cinto de segurança era ainda uma novidade, e não havia uma fiscalização rígida.

Nesse dia, por acaso, o fato de eu estar sem o cinto salvou a minha vida. Porque, quando notei o veículo em minha direção e percebi que o volante não girava

12

e travara totalmente, instintivamente pulei para o banco do passageiro, onde estava a tia Dora. A colisão foi imediata, vidros quebraram, a lataria foi amassada violentamente. Tia Dora foi parar no console do carro, mas, felizmente, nada nos aconteceu. Ela ficou com hematomas pelo corpo e eu saí, mais uma vez, ileso!

Foi uma dificuldade muito grande, pois não tínhamos muitos recursos e o carro deu perda total. Indenizamos o motorista da Kombi e a vida seguiu.

Correram os anos…

Uma noite, eu estava bastante triste. Naquele "acidente",[3] eu havia colocado a vida de minha tia em risco, além da minha própria. Sofria com a cobrança da consciência. Eu já conhecia o espiritismo, já era expositor espírita, visitava os centros espíritas para falar da doutrina; eu deveria ter sido mais prudente, e, repentinamente, achei que não era digno de estar na doutrina. Assim, decidi, aos 21 anos, afastar-me.

---

3. Durante a psicografia do livro *Memórias e confissões: a saga de um Espírito convertido*, Pietro Augustus (autor espiritual da obra) informou que o "acidente" provocado pelo disparo da buzina e pelo travamento do volante do carro foi na verdade um fenômeno produzido pelos inimigos do espiritismo quando prenunciaram que teríamos uma tarefa. O Centro de Estudos Espíritas Nosso Lar ainda não havia sido fundado, mas estava no rol de meus pensamentos mais íntimos.

Estava sentado no sofá de casa, olhando pela janela da sala e mexendo com o pompom da cortina, lançando-o de um lado para o outro. Nesse instante, uma voz feminina terna e, ao mesmo tempo firme, falou-me ao ouvido:

— O que é isso? Desistindo da luta antes da primeira batalha? Meu filho, isso ainda não é nada comparado ao que vem pela frente. Revelar o teu futuro agora seria perturbar-te e anular-te o serviço. Mas uma coisa podemos te dizer: há um programa de trabalho para ti. Haverá muito trabalho ao longo dos anos. Se desejas servir a Jesus, levanta-te, abandona a autopiedade e porta-te como um trabalhador do Cristo. Ou isso, ou...

A voz parou e eu petrifiquei. E, em pensamento, perguntei, ousado e trêmulo: "Isso ou...?"

O Espírito deu um longo suspiro, como se me conhecesse há séculos e soubesse das minhas dificuldades. Então, sentenciou:

— ... ou o teu planejamento será anulado e retornarás, certamente, como desertor de um programa de luz, mais uma vez... Levanta, enfrenta a tudo e a todos com dignidade e trabalho e entrega a obra com a qual te comprometeste, concluída e com bons frutos a Jesus.

Obedeci, e tenho seguido firme e obstinado mesmo sob o peso da incompreensão.

"*Desistindo da luta antes da primeira batalha? Se desejas servir a Jesus, levanta-te, abandona a autopiedade e porta-te como um trabalhador do Cristo.*

Levanta, enfrenta a tudo e a todos com dignidade e trabalho e entrega a obra com a qual te comprometeste, concluída e com bons frutos a Jesus."

A PROFECIA
DO ESPÍRITO

AOS 17 ANOS, EU PARTICIPAVA DAS REUNIÕES DE DE-sobsessão do Grupo Espírita Cairbar Schutel, em Campinas, SP, que aconteciam todas as quintas-feiras, às oito da noite. Eram dirigidas pelo destacado psiquiatra dr. Wilson Ferreira de Mello, sobejamente conhecido dos espíritas de Campinas e da capital paulista, e pelo querido seu Raimundo Nonato, trabalhador dedicadíssimo da seara.

Havia na reunião uma médium vidente notável. Nós a conhecíamos pelo nome de dona Edméia Alonso. Era uma senhora culta e elegante da sociedade campineira.

O dr. Wilson levava para a sessão os nomes de seus pacientes com maior grau de dificuldade. Orávamos, e dona Edméia, em transe, descrevia a casa da pessoa e seus acompanhantes espirituais, e recebia os Espíritos enquanto o dr. Wilson dialogava com eles. Em quase 100% dos casos, nas semanas seguintes, os

Dona Edméia informou:

— Está ao lado dele um advogado suíço que o acompanha de longa data. Ele vai falar agora.

Segundos depois, em transe de psicofonia, dona Edméia recebeu o Espírito. A entidade fez um belo discurso sobre a doutrina espírita e sobre os problemas humanos. Ao despedir-se, disse ainda que eu teria muito serviço no espiritismo e que um dia nos encontraríamos na Suíça.

Achei aquilo sem propósito. Eu tinha 17 anos, nem estava na faculdade e minha família não tinha recursos financeiros. Considerei um absurdo o Espírito dizer aquilo.

Estávamos no ano de 1991.

Em 2011, exatamente vinte anos depois, o livro *Aconteceu na casa espírita* foi traduzido para o francês e seria lançado na Suíça, em Genebra, no dia 10 de abril. O lançamento ocorreria no Centre d'Informations Spirite et Coordination des Ouvrages (CISCO), aos cuidados de Claudia Bally. Em Paris, o lançamento ocorreria no dia seguinte, no Centre d'Etudes Spirites Allan Kardec (CESAK), aos cuidados de Claudia Bonmartin.

Eu não estava nada empolgado, porque as pessoas me perseguiam muito. Era uma falação sem fim: todo mundo dizia que eu me perderia, que a vaidade me pegaria, e parecia haver uma torcida organizada

pacientes mostravam melhoras súbitas e o dr. Wilson lhes dava alta. Eram os resultados do trabalho abnegado dos Espíritos amigos!

Sim, a obsessão é uma espécie de enfermidade psíquica.

Comecei a participar dessas reuniões no meu atrevimento de menino de 17 anos. Eu morava em um bairro da periferia de Campinas chamado Jardim Estoril. Naquele período, estávamos sem telefone em casa. Em uma quinta-feira chuvosa, subi até a rua Cinco, onde havia um orelhão (meu Deus, é preciso uma nota de rodapé para explicar "orelhão" nesses tempos de celular fácil; quem tem 20 anos nunca viu uma coisa assim, ainda mais com esse nome!). Liguei para o seu Raimundo e disse:

— Eu gostaria de participar da reunião de desobsessão.

Ele respondeu:

— Emanuel, você é muito jovem.

— Sim – concordei –, mas preciso, o senhor precisa me autorizar.

Constrangido, ele me recebeu, e fez uma longa orientação sobre a gravidade da tarefa.

No começo da primeira sessão da qual participei, dona Edméia, em transe mediúnico, disse-me:

— Estou vendo um Espírito muito interessante acompanhando o nosso jovem amigo visitante.

Seu Raimundo esclareceu:

— O nome dele, do visitante, é Emanuel.

apoiando a minha queda. Fiquei tão atormentado com aqueles acontecimentos e detinha tantas responsabilidades que nem avaliei o que estava acontecendo.

Cheguei a Genebra e fui recepcionado por Claudia Bonmartin, que foi minha intérprete nas palestras.

Como o tempo era curto, fizemos um passeio de carro pelos pontos principais da importante cidade suíça. Quando passamos pelas sedes da Organização das Nações Unidas (ONU) e da Cruz Vermelha, vi um jovem muito bonito e bem-vestido, mas à moda do século XVIII ou do século XIX. Usava uma espécie de *blazer* aberto, bem mais curto que os de hoje e bem cinturado. Um lenço envolvia lindamente o seu pescoço e uma joia traspassava o tecido, parecendo afivelar a peça. Carregava, ainda, uma bengala muito elegante e parecia segurar uma cartola. Olhou-me fixamente e disse:

— Bem-vindo de volta à casa, Emanuel. Lembra do advogado suíço com a médium Edméia? Sou eu, vim cumprir minha promessa de nos encontrarmos na Suíça. Segue teu trabalho no novo mundo, meu amigo. Eu o tenho no coração. Prepara-te para os desafios, serão muitos. Conta comigo para tuas palestras, pois, muitas vezes, sou eu quem fala pela tua boca. Nunca desistas Emanuel, nunca desistas...

E desapareceu.

Lembrei-me, então, dos queridos companheiros do grupo mediúnico das quintas-feiras. Dona Edméia já havia desencarnado e eu não pude acreditar que a profecia se cumprira.

Chorei de emoção e entendi que, apesar dos grandes desafios e das lutas do caminho, os Espíritos amigos estão sempre por perto.

"Segue teu trabalho no novo mundo, meu amigo. Eu o tenho no coração. Prepara-te para os desafios, serão muitos. Nunca desistas Emanuel, nunca desistas..."

Chorei de emoção e entendi que, apesar dos grandes desafios e das lutas do caminho, os Espíritos amigos estão sempre por perto.

O RÉVEILLON
DO ANO 2000

PRIMOS MUITO QUERIDOS, GABRIELE E EVERSON ME convidaram para a passagem de ano em Americana, cidade vizinha de Campinas, também no estado de São Paulo.

Minha tia Dora foi casada com um nordestino que nos legou uma família muito linda e divertida. Logo, meus primos Évinho e Gabi, influenciados pela cultura do Nordeste, tornaram-se muito alegres e festivos.

Acertamos tudo para a viagem. Estávamos no bairro dos DICs (Distrito Industrial de Campinas) em Campinas, que era o ponto de encontro. Observei uns clarões no céu e pensei: "Chuva no *réveillon*? Jesus nos guarde."

Pegamos a van; estávamos em oito pessoas, incluindo minha prima Gabriele, tia Dora e eu.

14

Confesso que não sou do tipo aventureiro. Tudo para mim precisa ter método e roteiro. Não saio de casa sem saber para onde irei, como será a hospedagem, além de informações sobre combustível, dinheiro etc. Naquele evento, deduzi que os familiares tivessem pensado em tudo.

Já a caminho, na rodovia Anhanguera, a chuva começou a cair com intensidade. Não se enxergava nada na estrada. Às onze horas da noite, percebi algo estranho na rodovia e tive tempo de dizer ao motorista:

— Moço, encoste ali, por favor.

Ele respondeu, aventureiro:

— Não, não precisa, não. Já estamos chegando.

Pelo vidro do passageiro, ainda que embaçado, consegui ver o capô de um Fusca submerso e um homem sobre o carro. Depois, uma Brasília submersa e o motorista igualmente sobre o automóvel balançando os braços. Era um alagamento na estrada.

Falei alto e com energia ao motorista:

— Moço, olhe o rio, pare!

Ele disse:

— Que rio?

E entrou a toda a velocidade no aguaceiro. O motor da van morreu, a água começou a subir rapidamente. Ficamos em estado de choque. Mas não consigo ficar parado, esperando; sou do tipo que morre tentando fazer algo.

Abri a janela do carro, olhei para fora, vi a água subindo já na altura da porta. Olhei ao redor, pensando sobre o que seria possível fazer: "Vou sair pela janela mesmo, agarrar-me naquela cerca ali e esperar a água baixar. Tiraremos um a um do carro e a cerca vai nos salvar!"

Então, veio uma enorme correnteza e levou a cerca. Tencionei pular e nadar, mas observei a forte correnteza e vi que poderia morrer afogado. E, pior: se isso acontecesse, demorariam para achar o meu corpo e eu ficaria muito inchado e feio no caixão. Não! Morrer por afogamento eu não quero, quero ficar bem no féretro.

Então, sentei e vi que nada mais poderia ser feito; a água já se aproximava da janela. Olhei para a minha tia Dora e, como se estivéssemos em um filme em câmera lenta, balancei a cabeça negativamente, como quem diz: "É o fim!"

No meio do aguaceiro, lá estava aquele Espírito adversário (o mesmo do Rio de Janeiro), dizendo:

— Dessa, você não escapa.

Meia-noite. O ano de 1999 ficara para trás e eu morreria no ano 2000. Fogos por toda parte, e trovões. Já não sabíamos o que era o quê. Passamos o *réveillon* à espera da morte.

Nesse momento, sentei-me, concentrei-me e pensei fortemente em meus pais. "Meu Deus, vou morrer e nem me despedi deles." Pensei em minha mãe, com todas as forças da minha alma e disse em silêncio:

— Mãe, obrigado por tudo. Por todo o seu esforço e toda a sua dedicação. Morrerei aos 25 anos sem poder lhe retribuir. Não se entristeça, a vida continua. Darei um jeito de pedir a Deus que me permita mandar notícias.

Lembrei de todos da família e fechei os olhos, sentindo a paz da morte. Foi mesmo uma paz indescritível.

De repente, senti um envolvimento intenso e o meu corpo foi tomado por uma energia. Ergueram-me e alguém falou por minha voz, dirigindo-se ao motorista da van:

— Rapaz, ligue o carro!

O motorista respondeu, arrogante e apavorado:

— Não dá, o carro afogou, morreu.

O Espírito deu nova ordem com energia:

— Ligue o carro!

O motorista, então, virou a chave e a van pegou, ouvimos o ronco do motor. E o Espírito continuou:

— Não coloque a segunda, não mude a marcha, avance.

Quando saímos da correnteza, o Espírito me deixou. Nessa hora, eu gritei:

— Acelere, criatura. Tire-nos daqui!

Na sequência, deu-me uma tremedeira, um alívio, um choro, um riso... Não sabíamos que fazer, mas estávamos livres da morte.

Fizemos um *Pai Nosso*, abraçamo-nos e agradecemos a Deus.

Ao chegar ao salão de festas, ficamos um pouco amuados; a música tocava, mas não fazia sentido. Estávamos felizes por estarmos vivos e decidimos voltar para casa. Já era madrugada.

Quando cheguei à minha residência – nessa época eu ainda morava com meus pais –, minha mãe estava acordada. E, mais uma vez, repetiu o fenômeno da telepatia.

— O que aconteceu com você? – perguntou ela.

— Nada, mãe! – respondi, para não a preocupar.

— Não minta, porque eu estava tentando dormir e não consegui. Algo me disse que você estava em perigo.

Diante da resposta, não pude esconder o ocorrido.

A telepatia é um fenômeno real!

As ligações amorosas nos fortalecem. Mais uma vez, as preces de minha mãe intercederam por mim.

Quando saímos da █████,
*   o Espírito me d█████.*

Nessa hora, eu grite█

— Acelere, criatu██
*   Tire-nos daq██*

Na sequência, █eu-me
uma tremedeir█, um alívio,
um choro, um riso... Não
sabíamos que fazer, mas
estávamos livres da morte.

Fizemos um Pai Nosso,
*   abraçamo-nos e*
*   agradecemos█*

NÃO SEI,
SÓ SEI QUE SEI!

EMBORA DISCRETO, FUI SEMPRE MUITO ATREVIDO e corajoso.

Logo que ingressei no Grupo Espírita Cairbar Schutel, em Campinas, SP, com pouco conhecimento da doutrina e aos 15 anos de idade, pedi para dar passes.

É claro que não fui autorizado. E porque insisti muito, um dos dirigentes teve de encontrar uma saída. Então, ele me disse que autorizaria quando eu fizesse 18 anos. Fiquei muito chateado.

Não havendo o que pudesse ser feito no centro por alguém da minha idade, pedi a ele que me deixasse entregar mensagens na porta. A resposta foi bem fraterna:

— Pode ir, não vem ninguém aqui mesmo.

Realmente, o centro era pequeno, ficava em uma avenida muito movimentada e não tinha público. Mas eu era perseverante. Pedi para organizar a biblioteca

15

e logo solicitei a chave do centro para isso, uma vez que iria em horários fora do expediente de trabalho da casa espírita. Foi uma estratégia.

Sozinho no centro, fazia palestras, ensaiava discursos, treinava passes na cadeira vazia e simulava orientar o povo. Meu Deus! Devia estar obsidiado.

Então me veio uma ideia. Por que eu não abria a porta do centro para ver o que acontecia?

Não perdi tempo. Era uma segunda-feira à tarde.

Peguei um punhado de mensagens, abri a porta da instituição espírita e me posicionei.

Dez minutos e nada de aparecer gente. Trinta minutos... quarenta... cinquenta minutos e eu em pé, firme.

Repentinamente, vi uma mulher cabisbaixa. Fui certeiro:

— Senhora, senhora! A senhora está passando mal?

Ela me olhou assustada e disse:

— Como é que você sabe?

Adorei aquilo e me fiz de entendido.

— A senhora não quer entrar e se sentar um pouco nesse banco? Descansar?

Ela aceitou. Ofereci água e, sem saber o porquê, olhei para ela e disse:

— A senhora tem um marido alcoólatra?

Ela ficou lívida.

— Como é que você sabe?

Senti um frio na barriga e respondi:

— Não sei, só sei que sei!

— Ah, menino – disse ela –, você não imagina o meu sofrimento.

— Mas por que a senhora não o traz aqui no centro?

— Centro?

— Sim, centro espírita, esta é uma casa de amor e caridade.

— Meu filho, eu sempre procurei um centro e nunca encontrei.

— Agora encontrou! Traga o seu marido hoje à noite, o passe começa às sete e meia.

Eu ainda não sabia dar passes, mas segurei nas mãos dela e fiz uma oração com todo empenho e afeto.

À noite, ela voltou com o marido. Foram realizados o acolhimento fraterno e o passe; ao sair da cabine, o esposo parecia outro. Ela se dirigiu a mim para agradecer, e eu lhe disse:

— A senhora não tem um filho drogado?

O marido arregalou os olhos e perguntou:

— Como você sabe?

— Não sei, só sei que sei! – respondi.

— Traga-o amanhã.

— Ah, moço, ele não vem, não.

— Diga que estou chamando.

— E como é o seu nome?

— Emanuel Cristiano.

No dia seguinte, vieram a mulher, o marido e o filho! Conversei com o rapaz e ficamos amigos. Convidei-o para fundar a mocidade espírita, e ele aceitou. A mãe ficou feliz; o pai estava sóbrio pela primeira vez em vinte anos. De repente, olhei para o rapaz e disse:

— E aquela sua prima que fuma maconha, traga-a também para a mocidade.

Ele me olhou assustado e os três perguntaram, em coro:

— Como é que você sabe?

Aí eu fiquei assustado também, mas apenas respondi:

— Não sei, só sei que sei.

Na semana seguinte, vieram a mulher, o marido, o filho e a prima. Conversamos e todos estavam felizes. De saída, olhei para a moça e aquele fenômeno aconteceu de novo.

— Pode trazer a sua irmã que está deprimida e pensa em se matar? – pedi-lhe.

A menina me olhou assustada e perguntou:

— Como é que você sabe?

E os outros, igualmente espantados, responderam:

— Não sei, só sei que sei!

Rimos todos... Na semana seguinte, vieram a mulher, o marido, o filho ex-drogado, a prima ex-fumante de maconha e a irmã desta que pensava em se matar. Pronto, a mocidade estava formada. Estudávamos Kardec com alegria e devotamento. Foram dias felizes.

Assim, comecei a ficar na porta do centro entregando mensagens, coisa que ninguém queria fazer por ser uma tarefa sem muita expressão. Entendi que a primeira mão que o sofredor apertaria seria a minha, e que eu daria o primeiro sorriso aos necessitados. Um foi falando para o outro, e logo o centro começou a encher. Eu me interessava pelas pessoas, anotava os nomes para oração; visitava, a pedido delas, os doentes da família, orando por eles; abraçava a todos com muito carinho, proferia palavras de incentivo. Entretanto, com o centro cheio, os dirigentes me acharam jovem demais para uma posição tão importante como entregar mensagens e me desligaram da função para assumi-la eles mesmos.

Eu entendi a vaidade humana e, sem reclamar, fui cuidar da biblioteca e do grupo de jovens recém-fundado.

Comecei a ficar na [...] o centro entregand[...] [...]g coisa que ninguém [...] ia fazer por ser uma tarefa sem muita expressão. Entretanto, com o centro cheio, os dirigentes me acharam jovem demais para uma posição tão importante como entregar mensagens e me desligaram da função para assumi-la eles mesmos.

O PASSE

EM 1992, CONTAVA 18 ANOS.

Alistei-me no quartel e fui direto para o centro. Ah! Foi um dia de expectativas; nem dormi direito, porque, afinal, tinha 18 anos e começaria a dar passes. Pelo menos, essa tinha sido a promessa dos dirigentes do centro.

Às seis horas da tarde (o centro abriria somente às sete da noite) eu já estava por lá, aguardando. Procurei um dos dirigentes e lhe disse:

— Dezoito anos!

Ele perguntou, sisudo e atarefado:

— Dezoito anos o quê?

— Eu já tenho 18 anos, e o senhor prometeu que quando eu completasse essa idade me deixaria dar passes.

Ele respondeu ríspido, como quem quer se livrar de um aborrecimento:

— Agora a lei mudou, só com 21 anos.

16

Protestei com respeito, mas ele não cedeu. Informou:

— Você só tem 18 anos, ainda não é capaz!

Então, lembrei-me do alistamento. Coloquei a mão no bolso e retirei o comprovante.

Olhei fixamente nos olhos dele e, com muito respeito e firmeza, disse:

— Acabei de me alistar no exército.

— E daí?

— Quer dizer que eu tenho idade para, em caso de uma guerra, morrer pelo senhor, pela sua família e pelo Brasil, mas não tenho idade para impor as mãos sobre meus semelhantes e pedir a Deus por eles?

O dirigente, pessoa muito querida e dedicada ao bem, pareceu petrificado. Olhou-me com ternura, seus olhos ficaram marejados. Então, abraçou-me com carinho, levou-me até a sala de passes, abriu a porta e disse:

— Vai, meu filho! Mas faça direito. Você já leu a codificação?

— Sim, senhor, toda! Li também *Passes e radiações*, de Edgar Armond (era só o que havia registrado sobre o assunto naquela época).

Ele ficou admirado e permitiu. Fiquei com os demais companheiros atrás de uma das cadeiras aguardando o povo chegar. Quando entrou a primeira leva de assistidos, fiquei emocionado: seria o meu primeiro passe...

Uma mulher jovem, de uns 35 anos, sentou-se na cadeira diante de mim. Ergui os braços e parei, pensativo: "E o meu guia? Quem é? Será que está aqui?" Fiquei na dúvida e orei.

Repentinamente, senti um arrepio na cabeça e sentenciei, silenciosa e alegremente: "Ah, acabou de chegar."

Fiquei todinho arrepiado e orei com fervor. Quando novamente meu cabelo eriçou, fiquei emocionado e comecei a achar que o guia era forte, mesmo!

Quando pela terceira vez algo mexeu forte, tive um tremor intenso e desconfiei. Levei a mão a cabeça, no local dos arrepios, e senti algo. Ao baixar a mão, veio junto uma dessas baratas marrons, muito feias.

Não tive dúvida: instintivamente, lancei a barata ao solo. Ela começou a correr e, para impedi-la, dei-lhe um pisão. Como o chão era de madeira, o barulho foi imenso, e a mulher sentada olhou para mim. Eu estava com os olhos arregalados, mas os fechei imediatamente, segurando a barata morta com o pé. Terminando o passe, arrastei-a com o calçado até a minha posição original.

O meu guia era uma barata, que decepção!

No dia seguinte, compareci ao posto porque, afinal, já era um passista, de baratas, mas era!

Ouviu-se um murmúrio... Uma pequena multidão se formara na porta do centro e o dirigente foi ver o que estava acontecendo. Do lado de dentro da cabine todos podíamos ouvir o que se passava do lado de fora, porque ela era feita com *drywall* e não chegava até o teto. Pelo vão que havia entre a parede e o teto, podíamos escutar qualquer conversa vinda de fora.

Uma moça perguntou ao dirigente se estava presente na casa um jovem passista. Ele quis saber o motivo do interesse, e ela respondeu:

— O senhor não sabe? O menino é poderoso! Trouxe aqui toda a minha família e os meus vizinhos. Todos queremos receber o passe que ele ministra.

Interessado, o dirigente perguntou:

— E por quê?

A resposta foi um espanto:

— Ah, porque ele tira os fluidos negativos da gente, joga-os no chão e ainda pisa em cima...

Eu fiquei apavorado ao ouvir aquilo. Encolhi-me todo de medo. Como explicaria o que havia acontecido?

O dirigente abriu um pouco a porta, olhou-me e me suspendeu das atividades até que eu esclarecesse o ocorrido.

Bem...

Coisas de iniciante. Desde então, aprendi a conferir as sensações espirituais para nunca mais ter uma barata como guia!

—O menino é pode[...] aqui toda a minh[...]ia e meus vizinhos. To[...]eremos receber o passe q[...] ministra.

Interessado, o dirigente perguntou:

—E por quê?

A resposta foi um espanto:

—Ah, porque ele tira os fluidos negativos da gente, joga-os no chão e ainda pisa em cima...

O DINHEIRO DO PÃO

COMECEI A REALIZAR TAREFAS DE DIVULGAÇÃO DO espiritismo no ano de 1993.

As lutas eram grandes naquele período. No movimento espírita, há uma tradição de apoio aos que colaboram com o trabalho da pregação: quem convida, paga as despesas.

É claro que não há comércio e as palestras são sempre gratuitas, mas o expositor não tem como arcar com despesas de transporte e hospedagem. Normalmente, os centros espíritas que convidam oradores é que cuidam das despesas.

Mas, naquele tempo, quando eu ainda era um iniciante, as pessoas não se preocupavam muito com despesas, e eu tinha muita vergonha de tocar no assunto.

O agendamento era feito por telefone; eu mesmo atendia às ligações. Os amigos falavam dos encontros, dos temas, do horário de chegada, mas não tocavam no assunto das despesas. E eu, sempre em oração.

Quando o dia da palestra ia chegando, eu procurava minha mãe:
— Mãe, tem palestra esse fim de semana.
— E?
— Não tenho dinheiro.
— Eles não mandaram, meu filho?
— Não, mãe, não mandaram.

Ela colocava a mão no bolso de seu avental, retirava o dinheiro e dizia:
— Este é o dinheiro do pão de amanhã. Traga o troco quando voltar.

Foram anos assim, viajando com o dinheiro do pão. Ninguém se preocupava. Eu viajava sempre escondido, sem fazer alarde, porque o pessoal que estava à minha volta sempre dizia: olha lá o vaidoso, achando que pode falar!

Suportei amigos que eram verdadeiros inimigos da causa.

Corajosamente, fui seguindo, e o panorama social foi se alterando com a faculdade concluída e as primeiras oportunidades de emprego.

Muitas vezes, com o êxito dos livros psicografados por mim, os convites ocorriam para que as casas vendessem os livros e ficassem com o lucro para suas necessidades. Doei os direitos autorais da obra para a caridade e nunca me beneficiei do livro psicografado.

É muito triste observar que os auditórios ficavam lotados para nos ouvir falar de doutrina mas que o convite era feito por interesses comerciais.

Com o tempo, fui aprendendo a selecionar e a me posicionar. Enquanto muitos lucravam com a venda do livro, a obra que eu conduzia, o Centro de Estudos Espíritas Nosso Lar, nunca recebeu um centavo. Lutamos todos por nós mesmos, tivemos muito trabalho para construir o patrimônio da instituição.

Aqueles dias difíceis serviram para amadurecer a minha alma.

Hoje, emocionado e agradecido, ainda escuto, com os ouvidos da memória, minha mãe dizendo: "Este é o dinheiro do pão de amanhã. Traga o troco quando voltar." Isso me faz permanecer firme, honesto e sincero, a confiar em Deus, sempre!

Aqueles dias difíceis serviram para amadurecer a minha alma.

Hoje, emocionado e agradecido, ainda escuto, com os ouvidos da memória, minha mãe dizendo: "Este é o dinheiro do pão de amanhã. Traga o troco quando voltar." Isso me faz permanecer firme, honesto e sincero, a confiar em Deus, sempre!

ESQUECIDOS NA RODOVIÁRIA

EM UMA SEMANA SANTA, APROVEITANDO O FERIADO prolongado, fiz uma longa viagem para ministrar várias palestras espíritas em um dos estados brasileiros. Foi aquela alegria ver e rever companheiros do movimento espírita.

Quando as tarefas terminaram, amigos queridos me levaram até a rodoviária. Acompanhava-me nessa tarefa o jovem Ricardo Rodrigues Escodelário.

Com as passagens compradas, despedimo-nos e embarcamos. O ônibus era aquele do tipo "pinga-pinga", que para em várias cidades. Quando chegou ao município maior da região, onde pegaríamos um outro ônibus de retorno a Campinas, Ricardo Rodrigues Escodelário, que me acompanhava, foi comprar os bilhetes. Minutos depois, retornou espantando, dizendo:

— Não tem passagem para Campinas!

— Como assim?

— Não tem – disse ele. – Em razão do feriado prolongado, o último ônibus partiu às seis da tarde.

Já eram onze horas da noite de domingo, último dia de um fim de semana prolongado e de trabalho intenso na divulgação do espiritismo. Quem organizou as palestras não tinha pensado no trajeto de volta.

Éramos jovens, estudantes. Ricardo era protético, estudante de pedagogia e dispunha de melhores recursos, então patrocinou nosso retorno para casa de táxi. Mais tarde, juntei algumas economias e devolvi o dinheiro a ele, que o aceitou muito a contragosto.

Chegamos de madrugada a Campinas felizes, porém compreendendo que o trabalho de divulgar o espiritismo passa, ainda, por muitas adversidades. É preciso ter coragem e perseverar, custe o que custar!

— Não tem passagem para Campinas!

Já eram onze horas da noite de domingo, último dia de um fim de semana prolongado e de trabalho intenso na divulgação do espiritismo. Quem organizou as palestras não tinha pensado no trajeto de volta.

O trabalho de divulgar o espiritismo passa, ainda, por muitas adversidades. É preciso ter coragem e perseverar, custe o que custar!

CLARIVIDÊNCIA: A MALA EM BIRIGUI

SAÍ DE CAMPINAS ACOMPANHADO DE UM DOS RAPAzes da mocidade espírita. Seria uma viagem longa, cansativa. Havia muita expectativa e companheiros do Centro Espírita Raymundo Mariano Dias, em Birigui, no estado de São Paulo, aguardavam-me.

Quando estávamos próximos da cidade, em uma das paradas, tive uma clarividência: vi a mão de uma mulher com esmalte vermelho pegando a minha mala. Ao final da visão, percebi que o ônibus já seguia viagem.

Uma parada antes da nossa, o motorista, avisado pela rodoviária, abriu a porta do ônibus e gritou:

— Trocaram as malas na outra parada. A passageira pegou a bagagem errada, é roupa de homem.

Olhei para o meu acompanhante e falei:
— É a minha mala.
— Como você sabe? – quis saber ele.
— Eu vi – respondi, convicto. – A mulher tem unhas vermelhas.

19

Chegamos a Birigui. A bagagem trocada era mesmo a minha. Mas a palestra começaria em breve e, se eu voltasse à cidade onde as malas tinham sido trocadas, não retornaria a tempo. Assim, desci em Birigui e meu amigo voltou para buscar a mala.

A mulher, quando soube que éramos espíritas, ficou tão comovida que levou meu amigo de carro até o Centro Espírita Raymundo Mariano Dias.

Sim! Os Espíritos sabiam e, mais uma vez, protegeram-nos e nos guiaram.

Mesmo que nas lutas da vida existam atrapalhações, Deus está sempre de plantão.

O motorista abriu a porta do ônibus e gritou:

— Trocaram as malas outra parada. A passageira pegou a bagagem errada, é roupa de homem.

Olhei para o meu acompanhante e falei:

— É a minha mala.

— Como você sabe? – quis saber ele.

— Eu vi – respondi, convicto. – A mulher tem unhas vermelhas.

A PALESTRA
EM CATANDUVA

A CONVITE DO MOVIMENTO ESPÍRITA, FOMOS A Catanduva, no estado de São Paulo, para um fim de semana de palestras.

Os amigos mandaram as passagens e, dessa vez, levei o ainda jovem estudante de direito Leandro Luiz Camargo dos Santos, que se revelaria um grande trabalhador de Jesus e um prodígio na área do direito.

Malas prontas, encontramo-nos na rodoviária de Campinas, que, naquele tempo, ainda ficava na avenida Andrade Neves.

Sempre fomos muito disciplinados, e chegamos com quarenta minutos de antecedência. Consultamos o número da plataforma de embarque nas passagens e fomos andando, falando de assuntos da doutrina.

Chegando à plataforma, ficamos em pé, no posto, como soldados dedicados. Nesse instante, um dos fiscais que organizava as malas dos passageiros nos ônibus me encarou e perguntou:

— Vai para onde, magrinho?

Realmente, naquela época eu era quinze quilos mais magro do que sou hoje.

— Catanduva – respondi.

— Plataforma errada, magrinho, o ônibus vai parar ali – falou, apontando para uma outra plataforma, a vários metros de distância e ainda em outro conjunto de boxes.

Afirmei que estávamos no local certo, mas ele, mal-encarado, disse que estava naquela função havia dez anos e que não erraria ao dar uma informação daquelas.

Diante do argumento, fomos para a plataforma indicada. Vários ônibus passavam, mas não havia nem sinal do nosso. Quando vimos um ônibus parar na plataforma indicada em nossos bilhetes, chamei o rapaz, falando alto:

— Moço, olha o ônibus aí, não é o nosso?

— Fique quieto aí, magrinho, não venha para cá, não, seu lugar é aí!

Aquele ônibus partiu e ficamos a esperar. Já contávamos trinta minutos de atraso quando resolvemos protestar.

Chamei o rapaz e, com autoridade, disse:

— Moço, e o ônibus para Catanduva? O que aconteceu com ele?

— Catanduva? – perguntou o fiscal, apavorado. – Você não disse Cabreúva?

— Pelo amor de Deus, moço, Ca-tan-du-va! – falei, nervoso.

Ele respondeu, dando de ombros:

— Foi aquele ônibus que saiu daqui, da plataforma que vocês estavam. Mas que culpa eu tenho – continuou ele, debochando –, se você é fanho e não fala direito!

Estávamos nervosos, pois tínhamos um compromisso sério. Uma palestra espírita é sempre uma atividade sagrada. O próximo ônibus para Catanduva sairia somente à noite, bem na hora da palestra.

De um telefone público, liguei para o meu pai e pedi que nos levasse de carro. Jesus! Nosso carro era velho, porém, era o que tínhamos.

Durante a viagem, caiu uma tempestade horrorosa, a pista ficou alagada e houve acidentes, engavetamentos, vendaval... Mas fomos na fé.

Chegamos, felizmente, a Catanduva. No centro espírita, fizemos a palestra e tivemos a grande honra de conhecer o Ricardo Pinfildi, fundador da distribuidora de livros Candeia e das editoras InterVidas e Infinda, cuja amizade nos abençoa até os dias de hoje.

Para semear o evangelho, temos de estar preparados para as adversidades, elas fazem parte da vida na Terra. Entretanto, convém apelar para a oração, pedindo a Deus que nos guarde de todo o mal, até mesmo dos fiscais atormentados.

— *Moço, e o ôn[ibus para] Catanduva[, o que] aconteceu [com ele?]*

— *Catanduva? [— gaguejou] o fiscal, apavorado. — [V]ocê não disse Cabreúva?*

— *Pelo amor de Deus, moço, Ca-tan-du-va! – falei, nervoso.*

— *Foi aquele ônibus que saiu daqui, da plataforma que vocês estavam. Mas que culpa eu tenho – continuou ele, debochando –, se você é fanho e não fala direito!*

NA
ÁFRICA

NO ANO DE 2006, FAZÍAMOS, COM AMIGOS, AS REU-niões mediúnicas para a recepção dos livros em casa de dona Therezinha Oliveira, que ficava na avenida Doutor Moraes Sales, no centro de Campinas, SP.

Em uma de nossas reuniões, os Espíritos de Nora e de Eurípedes Barsanulfo projetaram sobre a mesa o mapa-múndi, muito colorido e bem-definido, e eu ouvi a voz de Nora[4] dizer:

— Meu filho, tu vais à América do Norte, à Europa e à África.

À medida que ela citava os continentes, eles se iluminavam no mapa projetado sobre a mesa, como que acesos pelo apertar de um botão invisível.

---

4. Nora é autora espiritual do livro *Aconteceu na casa espírita* e mentora espiritual do médium Emanuel Cristiano.

21

Fiquei tão comovido que, quando o trabalho terminou, relatei o ocorrido aos presentes. Foi um horror, antes nada tivesse falado. Porque soou como uma vaidade ou um desejo de imitar companheiros mais experientes que visitavam outros continentes.

Corei de vergonha e prometi nunca mais falar sobre minhas percepções, de tanta censura que eu recebia. Por isso tenho tantas histórias inéditas guardadas no coração.

Nesse mesmo ano, o querido orador e escritor espírita Orson Peter Carrara me ligou para tratarmos de tarefas em sua região. Ele havia se transferido de Mineiros do Tietê para Matão, ambos municípios do estado de São Paulo.

Entre conversas sobre os preparativos para os eventos, ele me perguntou se eu tinha alguma novidade, algum livro novo. Foi então que muito triste eu lhe disse:

— Ah, os Espíritos disseram que irei aos Estados Unidos, à Europa e à África, mas estou achando que é alguma fascinação, porque ir à África... Como? Fazer o que por lá?

Rimos ambos e nos despedimos.

No ano de 2007, o querido Orson, ao dar notícias a empresários amigos que perguntavam sobre as minhas atividades em Campinas, contou-lhes o que narrei, que os Espíritos informaram que eu iria à África falar de doutrina e eu não imaginava como isso seria possível. Os empresários amigos se entreolharam e disseram:

— Temos negócios na África e embarcaremos em julho. Podemos levar vocês.

Quando Orson me ligou, foi aquela alegria. Acionamos os contatos que tínhamos por lá e ele usou sua rede de amigos, que é muito grande. Contatamos três países: Moçambique, Angola e África do Sul.

Tudo preparado, embarcamos cheios de ansiedade, expectativas e idealismo. Desembarcamos em Joanesburgo e nossa bagagem foi "extraviada". Voamos para Moçambique e nossas malas chegaram no dia seguinte.

Foi uma alegria! Visitamos o centro Comunhão Espírita Cristã, fundado sob os cuidados do querido médium, orador e humanista espírita Divaldo Pereira Franco na década de 1970, quando visitou aquele país. Único centro espírita de Moçambique à época.

Orson fez lindas palestras; eu também dei minha contribuição. Os empresários amigos ficaram felizes por poderem patrocinar a atividade em prol do movimento espírita de Moçambique, que se felicitou com a nossa presença.

Na despedida, os amigos disseram:

— Não vão a Angola. A guerra civil destruiu o país e tudo está em reconstrução. É perigoso.

Ao ouvir isso, eu já queria pedir o voo de volta para o Brasil, mas Orson ficou pensativo, preocupado, e os amigos empresários me perguntaram:

— Seus guias nos trouxeram aqui, o que eles têm a dizer?

Respondi com firmeza:

— Eles, eu não sei, mas eu quero voltar ao Brasil, nada de Angola!

Rimos todos, de nervoso.

Decidimos seguir adiante e concluir a tarefa em Angola; afinal, o contato nos esperava.

Antes de embarcarmos, Orson enviou um novo e-mail à dona Amélia Dalomba, que iria nos recepcionar. Não houve resposta alguma, mas decidimos avançar.

O voo foi horrível. O avião, muito sucateado, tinha um desenho horroroso de um bode na calda. Pensei: "Logo, vai cair!"

Durante todo o percurso, cheio de turbulências, fui fazendo o Pai Nosso. Morrer longe de casa, eu não queria, não. Quem iria até lá para o velório?

Chegamos e nos instalamos em um hotel muito caro e pouco confortável. Naquela época, um prato feito custava cem dólares no restaurante do hotel.

Já hospedados, tentamos novamente contato com dona Amélia e nada de ela responder. Mas insistimos tanto que ela compareceu.

Ao chegar, ficamos impactados, porque ela estava muito séria, quase brava para os padrões brasileiros. Como Moçambique e Angola foram colônias de Portugal, os habitantes trazem o sotaque português que nós, brasileiros, tanto conhecemos. Nos apresentamos e ela, sem cerimônias, foi logo dizendo:

— Não queremos brasileiros aqui. Muitos vêm do Brasil apenas para fazer currículo e espalhar por lá que estiveram na África. Estamos cansados disso.

Nossos amigos empresários conversaram com ela. Orson argumentou lindamente, mas não teve jeito. Ela não queria nos receber. Então, quando nos despedimos, tive uma ideia: entregar os livros de minha lavra mediúnica para ela.

"Casualmente", o livro *Aconteceu na casa espírita* era o primeiro da pequena pilha. Como não iria nos receber, pedi a ela que levasse uma lembrança nossa e apresentei os livros. Quando ela viu o primeiro, arregalou os olhos, fez cara de espanto e perguntou:

— És o médium do livro *Aconteceu na casa espírita*?

Nessa altura, eu já nem sabia o que dizer. E se o pessoal não tivesse gostado do livro e a coisa piorasse? Então, meio sem jeito, respondi:

— Acho que sou!

Ela sacou o celular da bolsa e ligou direto para o Ministro de Energia e Águas do país:

— Saraiva, é o médium do *Aconteceu na casa espírita*!

Naquele tempo, os aparelhos de celular tinham o som muito alto e nos foi possível ouvir a resposta do Ministro:

— Jesus, não é possível, louvado seja Deus! Traga-os, Amélia!

Foi assim que o livro nos salvou e dona Amélia (uma poeta notável, muito culta) abriu as portas de Angola para nós.

Fizemos a palestra no salão do hotel, locado a preço de ouro por nossos amigos empresários. Também participamos de um programa de televisão e de uma conferência em um teatro local. Na palestra, Orson e eu falamos para pessoas que nunca tinham ouvido a palavra reencarnação.

Foram dias felizes.

Mais uma vez, os Espíritos cumpriram a promessa. Nos levaram à África, e Nora abriu as portas para nós em Angola!

Mais tarde, os Espíritos também me levaram aos Estados Unidos e à Europa. Sim, havia um programa espiritual a ser cumprido!

Nunca me faltou, com a graça de Deus, proteção espiritual.

— És o médium	
Aconteceu na ca	

E se o pessoal n	
gostado do liv	
piorasse? En	
sem jeito, r	di:

— Acho q	sou!

Foi assim que o livro nos salvou.

Mais uma vez, os Espíritos cumpriram a promessa. Nos levaram à África, mais tarde, também me levaram aos Estados Unidos e à Europa.

FOGO NO ÔNIBUS

TERMINADA UMA TAREFA NA CIDADE DE IBITINGA, no interior de São Paulo, Maria de Fátima Souza (Fatinha) e Eleutério Aparecido Cozzato (Leo), companheiros muito queridos e dedicados trabalhadores do espiritismo, levaram-me à rodoviária de Araraquara.

Do meu assento, abanando a mão em despedida, comecei a perceber uma névoa dentro do ônibus. Perguntei ao amigo que me acompanhava se ele também a estava vendo. Muito compenetrado na leitura que fazia, ele abanou a cabeça, negativamente. Julguei, então, que estivesse tendo uma vidência e comecei a apreciar a cena. A névoa foi ficando mais intensa e me perguntei em pensamento: "Que lindo, o que será que os Espíritos querem me mostrar?"

E a névoa foi aumentando.

O ônibus ainda estava parado, o povo todo sentado. Ninguém se incomodava, era como se nada estivesse acontecendo.

22

Continuei apreciando, interessado, aquela névoa linda.

Repentinamente, o povo sumiu na névoa e pensei: "Meu Deus, devo estar em arrebatamento fora do corpo."

Mas comecei a achar tudo aquilo estranho. Assim, levantei-me, sacudi meu amigo e perguntei:

— Você não está vendo nada mesmo?

Ele olhou, olhou, olhou e disse:

— É, parece que há alguma coisa!

Mas não identificou nada, e eu já no meio do fumacê. Corri até a cabine do motorista e ele veio ao corredor. Pasmem: ele não viu a fumaça. Eu não acreditava, sacudia o homem, dizendo:

— Senhor, deve estar pegando fogo!

Quando pronunciei a palavra "fogo", o povo todo resolveu se levantar. O motorista saiu correndo enquanto as pessoas se atropelavam. Nós descemos às pressas e, de fato, um defeito na parte elétrica estava começando a consumir o carro na parte da frente. Foi aí que o cheiro de queimado invadiu tudo.

Extintores foram usados na hora certa e, felizmente, nada nos aconteceu. Fiquei meditando: "Por que é que o povo não via a fumaça?"

Creio que houve interferência dos Espíritos, que mostraram o perigo a mim primeiro, antes de mostrar aos demais, permitindo que todos fôssemos salvos. A espiritualidade de plantão, como sempre! Felizmente,

Leo e Fatinha estavam aguardando o ônibus partir. Qualquer emergência, eu teria sido socorrido. A empresa providenciou outro carro e seguimos viagem.

×××

Daí a importância de quem convida providenciar acompanhamento até o fim da tarefa do expositor. Quando acaba a palestra, o orador vira um pacote incômodo. Quem vai ficar com ele? Muitas vezes, fica um jogo de empurra, é aquele constrangimento. É preciso organizar com sabedoria, convidar com equilíbrio, tratar com dignidade e acompanhar com respeito.

Corri até a cabine do motorista e ele veio ao corredor. Pasmem: ele não viu a fumaça. Eu não acreditava, dizendo:

— Senhor, deve estar pegando fogo!

O motorista saiu correndo enquanto as pessoas se atropelavam. De fato, um defeito na parte elétrica estava começando a consumir o carro na parte da frente. Foi aí que o cheiro de queimado invadiu tudo.

O MANICÔMIO

NO ANO DE 2003, EU TINHA ACABADO DE CONCLUIR o mestrado e fui convidado a palestrar em um dos estados brasileiros.

Viagem longa, exaustiva! Viajei a noite toda para chegar à cidade próximo das onze horas da manhã.

O companheiro responsável me recepcionou e, antes de me levar à casa em que me hospedaria, perguntou se eu gostaria de visitar uma instituição pública que ele auxiliava. Tentei declinar porque estava muito cansado, mas ele insistiu tanto que, para não demonstrar antipatia, aceitei o "convite".

Tratava-se de um hospital psiquiátrico. Diante do prédio, tive um pressentimento e clamei ao Espírito do médico psiquiatra dr. Wilson Ferreira de Mello que me protegesse.

23

Meu anfitrião foi mostrando o hospital, as salas etc. Quando chegamos em uma espécie de pátio, vi uma cerca de arame reforçado e muitos internos tomando sol. Não quis entrar, mas, meu anfitrião, mais uma vez, insistiu.

Quando entramos, os internos começaram se arquear como felinos ameaçados. Caminhamos um pouco mais e chegamos a um ponto do pátio em que havia uma enorme e grossa pilastra que ocultava o rosto de um dos internos. Só era possível enxergar suas pernas, enormes e torneadas; bem se via que era um Hércules.

Antes que eu passasse por ele, o gigante se levantou e fitou meu anfitrião, sem olhar para mim, e me apontando com o indicador direito, disse-lhe:

— Augusto, quem mandou você trazer aqui esse burguês que roubou minha vaga na universidade?

O homem fez a pergunta e deu um murro no meu anfitrião. Se aquele murro tivesse sido dado em mim, é provável que não tivesse palestra, nunca mais.

Foi aquela correria. Os internos começaram a gritar, e o agressor batia na própria cabeça, urrando e chorando, enquanto dizia, em pânico:

— Por que eu fiz isso, por quê?

Meu anfitrião ficou desmaiado no chão. Na confusão, vieram a assistente social e a enfermeira; como era um fim de semana, poucos funcionários estavam trabalhando.

Entraram na "gaiola" e socorreram o agredido, saindo às pressas e me esquecendo dentro do cercado com os internos.

Ouvi o ronco do carro e pensei: "Não é possível que me deixaram sozinho aqui com eles." Sim, deixaram-me sozinho.

Olhei ao meu redor e os enfermos começaram a se arquear novamente, dirigindo-se a mim. Pensei em correr, mas talvez isso fizesse com que eles me atacassem mais rápido. Então, comecei a andar rápido e a parar logo em seguida; andar rápido e parar, até conseguir sair dali, trancando o portão.

Fiquei sozinho por algumas horas, até que a assistente social se lembrou de mim e voltou para me levar ao meu destino. Entretanto... Ao chegar a casa em que me hospedaria, não havia ninguém. Estava tudo trancado. A assistente social me deixou em um varejão que havia ali ao lado e pediu que eu aguardasse.

A essa altura, eu já estava exaurido: a viagem longa, o acontecido violento, a solidão no hospital e agora...

Bem, não havia onde sentar naquele ambiente comercial. Fiquei de cócoras para não sujar a roupa da palestra – eram poucas as roupas e muitas as apresentações. Foram quase quatro horas de espera até que minha anfitriã chegasse. Quando me viu, ela disse que não sabia de nada e que não me hospedaria.

Fiquei tão assustado que a bagagem escorregou da minha mão. Estava verdadeiramente apavorado, porque não tinha nem o dinheiro da passagem de volta e estava sem comer desde a noite anterior, sem café da manhã e sem almoço.

Resolvi apelar para a caridade, pois os espíritas são sempre caridosos:

— Senhora, tenha piedade, dê-me, ao menos, um copo de leite e uma cadeira para descansar um pouco e pensar no que fazer.

Ela se sensibilizou. Fez uma longa entrevista enquanto eu tomava o leite, falou do seu desafeto ao meu anfitrião e em como queria dar uma lição nele, pois estava cansada daquelas tratativas. Contou-me sobre a vida de sofrimentos dela e outras coisas mais; eu a consolei, apliquei-lhe um passe e, sentindo-se melhor, ela resolveu me hospedar, tornando-se minha amiga.

Tomei uma singela refeição, descansei um pouco e logo o meu anfitrião chegou para me levar à palestra. Eles iam começar a brigar quando o chamei pelo nome, segurando-lhe o braço. Sorri, simpático, à senhora e agradeci a hospedagem, dizendo que voltaria em breve. Depois, conduzi o anfitrião ao carro e seguimos para o local da palestra.

No caminho, perguntei a ele:

— O que aconteceu pela manhã?

— Não sei, estou mesmo impactado, a coisa deve ser com você. Porque esse interno está comigo há onze anos e nunca falou. Não conhecíamos nem sequer o timbre de sua voz, e ele nem tem vocabulário para falar o que falou, pois nunca frequentou a escola, e jamais diria palavras como "burguês", "vaga na universidade" etc.

Fiquei pensando...

Tive uma encarnação com atividades na Igreja Católica, provavelmente como sacerdote, creio que durante a escolástica e/ou fim da Idade Média, em que os burgueses tinham acesso às universidades. Certos desafetos nos acompanham tentando impedir nosso progresso.

Terminei a graduação em filosofia, concluí o mestrado em ética e ainda não tinha conseguido um emprego. Vi colegas menos capazes empregados, e eu, nada! Parecia mesmo que alguém me impedia de cumprir a sublime tarefa de ensinar.

Depois daquele episódio com o interno, senti que algo aconteceu. Foi como se um peso, um incômodo, tivesse saído de mim.

Ao retornar para minha residência, recebi o primeiro telefonema para uma entrevista de emprego. Enfim, uma vaga para lecionar.

De fato, aquele Espírito que falou por meio do irmão doente, chamando-me de burguês, guardava alguma mágoa do passado, ainda da Idade Média. Mas o meu esforço, o meu silêncio e o meu trabalho intenso no campo do bem permitiram que os Espíritos amigos o encaminhassem. Eu estava liberto e feliz.

Antes que eu passasse por ele, o gigante se levantou e fitou meu anfitrião, sem olhar para mim, e me apontando com o indicador direito, disse-lhe:

— Augusto, quem mandou você trazer aqui esse burguês que roubou minha vaga na universidade?

O homem fez a pergunta e deu um murro no meu anfitrião. Se aquele murro tivesse sido dado em mim, é provável que não tivesse palestra, nunca mais.

A MORTE DENTRO DO FILÉ-MIGNON

AO LONGO DO TEMPO, FUI COLECIONANDO EXPERIÊNcias nas quais os Espíritos adversários do espiritismo queriam me matar!

Estava com Zilda Nascimento, jantando em um elegante restaurante no *shopping* Iguatemi em Campinas. Falávamos sobre amenidades, felizes por nossa amizade, e traçávamos planos para o futuro. O Centro de Estudos Espíritas Nosso Lar crescia, e comemoramos a alegria do trabalho no bem.

Quando o jantar foi servido, tive uma sensação esquisita, mas, sem saber como explicá-la a Zilda, não disse nada. Por isso, iniciei a refeição com muito cuidado e, sem saber o motivo, comecei a mastigar o filé bem devagar. Na segunda garfada, mastiguei mais lentamente e senti algo estranho. Mordi novamente e tive certeza: havia algo errado. Com muito cuidado, sem alarde, ajeitei o objeto com a língua para conseguir tirá-lo da boca, puxando-o delicadamente.

24

Foi incrível porque, eu puxava e puxava e a coisa não acabava. Era um gancho, uma espécie de anzol de pescaria, imenso.

O mais inacreditável é que, em razão da educação que meus pais me deram, nunca encho o garfo e nunca corto pedaços grandes de carne. Minha mãe dizia: "Não coloque na boca o que não consegue mastigar." O gancho era maior que o pedaço de carne que eu cortara. Se ele estivesse ali, teria impedido que a faca cortasse o filé.

Zilda e eu ficamos paralisados.

Eu pensei, e ela falou:

— Meu Deus, até parece que esse gancho foi materializado ou transportado para a sua boca!

Fiquei petrificado, compreendendo o que teria acontecido se eu tivesse engolido aquele objeto. Cogitei o sofrimento, a morte lenta por sangramento ou asfixia, a correria para o hospital, a perfuração na garganta, no estômago ou no intestino... Alucinei! Zilda, sempre dedicada, pareceu fazer até uma oração.

Chamei o gerente, que também não soube explicar o acontecido. Pedimos a conta, pagamos, saímos e, atônitos, agradecemos a Deus pela proteção.

Creio mesmo que o anzol não poderia estar naquele pedaço pequeno de carne antes de eu tê-lo levado à boca.

A proteção dos bons Espíritos fez-se uma vez mais, graças à sensação estranha que senti de perigo antes de iniciar a refeição.

Minha vida foi salva, novamente!

Materialização ou não, desde esse episódio inspeciono sempre os pratos que como e mastigo tudo vagarosamente...

Mordi novamente e tive certeza: havia algo errado.

Foi incrível porque, eu puxava e puxava e a coisa não acabava. Era um gancho, uma espécie de anzol de pescaria, imenso.

Zilda e eu ficamos paralisados.

Eu pensei, e ela falou:

— Meu Deus, até parece que esse gancho foi materializado ou transportado para a sua boca!

ESCOLHENDO O BRASIL PARA RENASCER

SEMPRE ACREDITEI QUE NÃO ERA BRASILEIRO. Tenho recordações espontâneas de algumas vidas no continente europeu. E, na minha ignorância juvenil, dizia que renasci aqui por acidente.

Quando fiz 35 anos, porém, algo inusitado aconteceu. Renasci, nesta vida, no dia 21 de abril, data consagrada a Tiradentes e ao movimento da Inconfidência Mineira. Dia 22 de abril é o dia dedicado às recordações do "descobrimento" desta terra.

Na madrugada de 21 para 22 de abril, com exatos 35 anos, tive uma vivência espiritual notável. Vi-me fora do corpo e viajando pelo espaço sideral. Ao meu lado, um Espírito muito iluminado e com grande conhecimento de astronomia.

Ele segurava a minha mão direita com a mão esquerda dele, e com a destra ele apontava as estrelas. Mostrou-me as constelações, os sistemas, as galáxias. Parecia ampliar a minha visão, como hoje ampliamos com os dedos em forma de pinça as imagens no celular.

Fiquei encantado com o *show* de imagens, de cores e, sobretudo, com a cultura sideral daquele Espírito.

Em certo momento, paramos e ele mostrou um aglomerado de estrelas, dizendo:

— Escolha uma!

Sem titubear e com toda a convicção, disse com firmeza:

— Quero a estrela de Magalhães!

Ele sorriu, como se aprovasse a escolha.

— Muito bem, vamos para lá!

E segurou na minha mão firmemente. Mostrando alegria, fez-nos descer, descer, descer...

Acordei, de volta ao meu corpo, muito emocionado e feliz. Jamais esquecerei aquelas imagens e o que senti.

×××

Mas... Que experiência estranha. O Espírito astrônomo pediu-me para escolher uma estrela, e eu escolhi... a estrela de Magalhães? Nunca ouvira falar dela.

Pesquisei sobre a estrela na *Enciclopédia britânica* e, depois, em *sites* de astronomia. Ah, que surpresa.

Vi que na bandeira do Brasil, por exemplo, cada estrela representa um estado brasileiro, e que a estrela de Magalhães representa o estado de São Paulo, onde eu nasci!

Entendi naquela hora que escolhi o Brasil para o meu renascimento e que foi um pedido meu autorizado pelos bons Espíritos.

Hoje, creio com lucidez que, se na minha programação reencarnatória houvesse um compromisso com o espiritismo, o Brasil seria o país adequado, e São Paulo, o estado que facilitaria o meu labor.

Sim, o Brasil, coração do mundo, pátria do evangelho. Terra abençoada em que floresceu o espiritismo. Nunca mais reclamei desta terra e aqui tenho vivido os dias felizes da minha atual encarnação na tarefa do espiritismo!

Tenho recordações espontâneas de algumas vidas no continente europeu. E, na minha ignorância juvenil, dizia que renasci aqui por acidente.

Hoje, creio com lucidez que, se na minha programação reencarnatória houvesse um compromisso com o espiritismo, o Brasil seria o país adequado.

Sim, o Brasil, coração do mundo, pátria do evangelho.

O SEQUESTRO DE 2012

NO ANO DE 2012, COMEMOREI A COMPRA DO MEU apartamento. Trabalhava dezoito horas por dia em uma jornada intensa como professor.

Em uma noite do mês de agosto, cheguei à minha casa por volta de uma hora da madrugada. Preparando-me para dormir, fiz minha oração da noite.

Ao terminar, aquele Espírito que sempre me perturbava apareceu à porta do quarto, escorando o braço direito no batente da porta. Correu-me um frio na espinha. Ele sorriu irônico e disse:

— Feliz com o seu apartamentinho? Quem te viu e quem te vê! – e gargalhou. – Se bem me lembro, você colecionava títulos de nobreza, vivia em palácios e abadias, e agora está contente com esta alcova... Sabe que a sua alegria durará pouco. O que é seu está guardado. Quer se livrar de mim? Abandone o espiritismo, as psicografias de livros e volte para nossa igreja.

— Espírita até o fim! – eu lhe disse, convicto.

26

Ele arrematou:
— Então, prepare-se para o fim.

Eu me entreguei a Deus. O espiritismo me ensinou a pensar da seguinte forma: só nos acontece o que as leis divinas permitem.

Estamos na Terra para resolvermos problemas do passado, desenvolvermos habilidades e competências e progredir.

Não me permiti desespero nem desânimo.

No mês de setembro, no dia 9, um domingo, eu estava com a Zilda Nascimento, hoje vice-presidente do Centro de Estudos Espíritas Nosso Lar, jantando em um dos restaurantes do bairro do Cambuí, em Campinas, SP. Ao terminarmos, ela foi ao toalete e eu fui pedir o carro ao manobrista.

Enquanto aguardava, entrei no veículo. Sentado ao volante, pensei: "Meu Deus, Campinas está tão violenta e nada nos acontece. E se eu fosse sequestrado? O bandido teria de me pegar pela frente, porque, de outro modo, não me pegaria, não." Ao fim do pensamento, censurei-me: "Emanuel, que bobagem é essa? Que absurdo."

Zilda entrou no carro e eu a levei para casa, voltando em seguida à minha residência, onde morava ainda com meus pais.

Na segunda-feira, o empreiteiro amigo Ruipter Jorge Cabral, que cuidava da reforma do meu apartamento onde passaria a morar, solicitou que nos encontrássemos na conhecida loja de materiais de construção às margens da rodovia Dom Pedro, em Campinas. Marcamos a visita para terça-feira, 11 de setembro, às 9 da manhã.

Na data e no horário marcados, lá estava eu. Escolhemos todo o material, fizemos as compras e, de saída, não percebi o estranho movimento que se formara no estacionamento da loja.

Eram onze horas da manhã quando peguei o carro de volta e deixei o estabelecimento comercial. A cancela do estacionamento mal tinha fechado quando um Corsa branco me ultrapassou e começou a descer, bem devagar. Eu tentava desviar, mas ele não me permitia passagem. Abruptamente, parou à minha frente e dois homens armados desceram com violência.

Imaginei que quisessem o carro, mas os dois malfeitores me obrigaram a sentar no banco de trás. Outros dois carros faziam escolta. Os bandidos tinham rádios comunicadores e estavam muito bem equipados. Pelo rádio, os rapazes receberam a orientação:

— Levem para a região do aeroporto, do aeroporto!

Eles não sabiam o caminho, e eu tive de ensinar. Estranhamente, sentimos um vento dentro do carro, mas os vidros estavam fechados e não havia como explicar de onde poderia ter vindo aquele golpe de ar. Os bandidos se assustaram e me perguntaram o que era aquilo, e eu disse que não sabia. Mas comecei a ouvir vozes, que diziam:

— É o Emanuel, corram, é o Emanuel, chamem ajuda!

Pensei comigo: "Os guias estão de plantão, sabem o que está acontecendo."

Os bandidos me obrigaram a deitar no vão entre os bancos de trás e os da frente. Eu não cabia ali, e eles começaram a me bater com a arma e a me dar golpes com os pés para que meu corpo se encaixasse naquele espaço. Cobriram minha cabeça com um casaco que estava sobre o banco e eu fiquei esperando o tiro. Enquanto aguardava a morte, refleti: "Meu Deus, trabalhei tanto e nem verei o meu apartamento pronto!"

×××

Vejam o que é a mediunidade.

Na semana anterior, tinha conversado com a minha mãe e lhe mostrado a "pastinha da morte", expressão que inventei e que tenho divulgado no movimento espírita. Quando amamos, temos o dever de pensar nos parentes queridos.

Se eu morresse, como ficariam meus pais?

Então, fiz um seguro de vida em nome de minha mãe, tirei cópia de todos os cartões de crédito, fiz uma lista com todas as minhas senhas, contratei um sistema funerário com cobertura para toda a família, coloquei todos os documentos em uma pasta organizada e mostrei para ela.

— Mãe, se me acontecer algo, está tudo aqui!
— O que é isso, menino? Pare de bobagem.

×××

Naquela hora extrema, ter feito a "pastinha da morte" e saber que meus familiares não ficariam desamparados me deu uma tranquilidade imensa.

Dada a tensão ou por ajuda espiritual, eu "apaguei". Voltei à consciência com o bandido me sacudindo.

— Vamos! Levante-se e saia do carro!

Entendi que eles me libertariam. Uma vez fora do carro, pela rua de terra deserta, que na época era a estrada das Indústrias na região rural da cidade de Vinhedo, no estado de São Paulo, comecei a me afastar, como que em despedida. Um deles, de arma em punho, aproximou-se e disse:

— Nada disso, não acabou, ainda. Tenho de matar você, venha – disse, segurando-me pela camisa.

Decidi que se ele me mandasse ajoelhar, eu não o faria, que morreria com dignidade, porque acreditava na imortalidade da alma.

Então, ele me levou até a beira de um precipício e ordenou:

— Pule!

Tentei argumentar, dizendo:

— Meu amigo, não precisa de nada disso...

Antes que eu terminasse a frase, ele me empurrou com tanta força que caí ribanceira abaixo. Com meu pé esquerdo, pisei em uma pedra pontuda e torci o tornozelo, quebrando-o na hora. Rolei muitos metros e caí de barriga para cima, bem de frente para ele.

O malfeitor apontou a arma para mim e, ao mesmo tempo, pegou o celular e começou a filmar ou a fotografar. Não sei para quem ele levaria a prova do crime.

Percebendo o bandido atrapalhado entre o celular e a arma, joguei-me mais fundo ainda para sair do campo de visão dele. Nesse ínterim, ele gritou para o comparsa:

— O rapaz sumiu, caiu mais para o fundo do buraco.

O outro gritou:

— Deixa ele aí, vai morrer mesmo, não vai conseguir sair desse pântano.

E se foram.

Acredito que, na segunda queda, bati a cabeça, porque tudo ficou escuro. Quando voltei à realidade, ainda abrindo os olhos, pensei: "Morri e já estou no umbral!" E fiquei quieto, com lama até a cintura. Mas tive um momento de lucidez e me lembrei de que no umbral nunca é dia, e onde eu me encontrava o sol estava a pino.

Tentei sair do lodaçal me agarrando à vegetação, mas ela estava muito seca dado a estiagem; as chuvas da primavera tardaram em chegar naquele ano. O tornozelo quebrado não me permitia apoio, e demorei cerca de uma hora para sair do local. Com muito esforço, subi a ribanceira e, quando cheguei ao topo, ouvi o ronco de uma moto. Lancei-me no abismo de novo. Seriam os bandidos, certificando-se de que o serviço fora feito? Nunca cheguei a saber.

Fiquei no meio do mato e da lama por mais quarenta minutos, porque a moto permanecia ali e alguém mexia nas folhagens, tentando encontrar algo. Fiz silêncio, prendi a respiração. De repente, deu-me um medo! "E se tiver baratas aqui? Escorpiões, cobras? Valei-me, meu Jesus!"

Quando ouvi a moto se afastar, iniciei de novo o percurso de volta; mais uma hora tentando subir.

Durante o percurso funesto, senti-me abandonado por Deus e perguntei: "Por que eu?"

Mas, recordando-me do espiritismo, refiz a pergunta, corajoso: "E por que não eu? Que teria eu de diferente? Por que não poderia passar pela expiação ou provação como todo ser humano comum?"

Naquela hora, vieram sobre mim uma coragem e uma determinação que me permitiram entender a intrepidez dos cristãos enfrentando os leões das arenas de Roma.

Fora do abismo, encontrei um caniço e o fiz de apoio. Eu parecia um verdadeiro mendigo. Quem me conhece sabe que sempre preferi o asseio e a elegância.

Enquanto caminhava, maltrapilho, vi o Espírito que me aparecera à porta do quarto um mês antes, quando fazia minhas orações de agradecimento. Ele olhou para mim e gargalhou! Fui tomado por uma dignidade tão grande que enchi os pulmões de ar e gritei:

— Era assim que você queria me ver? Então, pronto. Eis-me aqui! Você me fez mendigo, alijou-me da minha vaidade; estou rasgado, ferido e faminto. Foi isso o que lhe fiz? Se lhe devo algo, paguei a dívida agora, não lhe devo mais nada. Sou espírita, tenho fé em Deus e sei identificar uma expiação. Não sou mais a mesma pessoa do passado, não lhe desejo mal e lhe rogo perdão. Se você roubou a minha paz hoje e está atentando contra a minha vida, não roubou a minha dignidade. Se eu morrer, morrerei de pé.

Nesse instante, ouvi o alarido como se um grande número de pessoas estivesse andando atrás de mim. Era um cortejo de Espíritos usando roupas de época. Mulheres lindas erguiam os suntuosos vestidos para andar e começaram a me ladear. Eu ouvia o farfalhar dos tecidos, via os semblantes lindos delas, verdadeiros anjos, que marchavam intrépidas à frente de homens bem trajados. Uma das mulheres me ladeou, olhou com enorme ternura para o Espírito obsessor, fitou-me e disse:

— Coragem, meu filho! Tu és pessoa comum. Neste exato momento, milhares de homens morrem no mundo e muitos passam pela provação da violência como tu. Agradece a Deus por seres "vítima", meu filho, poderia ser pior: seres o algoz e te complicares no futuro. Tu pagas hoje débitos escabrosos de antanho, felicita-te! Ergue a tua fronte com dignidade. Tens trabalhado incessantemente em tua vida e fizeste do labor espírita tua prece diária. Sabes que Deus costuma provar os Seus eleitos. Nosso grande desafio é abandonarmos a vaidade e nos sentirmos comuns. Tu não és menos por isso, meu filho. Agradece a Deus pela honra de provar a tua fé.

Aquilo me encorajou muito. Quando olhei para o obsessor, ele chorava, comovido. Ele não imaginou que eu tivesse tamanha firmeza, que enfrentaria aquela hora com resignação e sem revolta. Olhou-me, finalmente, com admiração e balançou a cabeça afirmativamente, como se dissesse: "Você mudou, mesmo!"

Sorri para ele e disse, confiante e respeitoso:

— Venci, não lhe devo mais nada, seja feliz!

Ele concordou e desapareceu para sempre!

Nesse momento, passava uma van escolar. Com o barulho, as entidades desapareceram do meu campo de visão.

Abri os braços no meio da via, para o carro cheio de crianças. Pedi à condutora que me socorresse e ligasse para a polícia, informando o meu CPF e o ocorrido. Ela o fez, e me pediu para subir. As crianças me deram espaço e me deitei no banco. Elas começaram a chorar, então comecei a contar anedotas para acalmá-las e desviar sua atenção do ocorrido. A condutora avisou que teria de entregar todas as crianças primeiro e só depois me levaria ao posto médico. E assim o fez.

Chegando ao posto, o meu estado de penúria era tamanho que os guardas suspeitaram que o bandido era eu. Deixaram-me ali, esperando, por mais de cinco horas. Depois de comprovarem a verdade, liguei para Elisabeth Cristina de Souza Silva, minha dedicada e perfeita secretária, que avisou meus familiares. Logo, rumaram para lá. Liguei para a escola em que trabalhava como coordenador pedagógico e amigos, de igual maneira, foram ao meu encontro, para me amparar. Beth avisou Zilda Nascimento, que saiu da cidade de São Paulo e também apareceu. Todos se encontraram no Hospital Municipal de Vinhedo.

Corri o risco de amputação do pé, dada a gravidade da fratura no tornozelo. Uma cirurgia deveria ser feita, mas o ferimento requeria mais cuidado antes.

Foram meses de imobilização e fisioterapia, e ganhei uma lesão para sempre. Eu muito me orgulhava do modo como andava, de meu caminhar elegante. Com a fratura, nunca mais tive a minha elegância de volta. E porque a dor é contínua, lembro-me desse triste episódio todos os dias. Quando perguntei aos guias o porquê dessas sequelas, eles disseram:

— São as marcas do Cristo, meu filho. Fica feliz; todo cristão almeja a crucificação e, no teu caso, o primeiro cravo começou pelos pés. Aguarde confiante, que a vida te concederá o madeiro, os outros cravos e a coroa de espinhos.

×××

Dois meses se passaram...

O médium, humanista, educador, emérito conferencista, a grande liderança espírita de nossos dias, Divaldo Pereira Franco foi à cidade de Indaiatuba (cidade vizinha a Campinas) para uma palestra, e uma força intensa me fez ter o desejo de ir. Assim, convidei a professora Therezinha Oliveira, mas ela não respondeu prontamente. Eu, então, desisti!

Às vésperas da conferência, ela me ligou dizendo que fora invadida por uma forte vontade de ver o Divaldo.

No dia 16 de novembro de 2012, às sete horas e quatro minutos da noite, encontrei-me com Divaldo. (Zilda Nascimento bateu a foto no exato momento que Divaldo conversava com a professora Therezinha Oliveira, segundos antes do meu encontro com ele, por isso tenho a data e a hora registradas.)

Eu ainda estava andando com muletas, mas o carro era automático e isso permitiu que eu dirigisse, já que a lesão tinha sido no tornozelo esquerdo.

O salão estava cheio, e Divaldo atendia o povo e distribuía autógrafos. Esperei um pouco até a multidão se dissipar, peguei o último lugar na fila e, com dificuldade, caminhei até ele.

Ao me ver, foi contando a história das muletas, dizendo o modelo que eu usava, de onde tinha vindo etc.

Quando Divaldo me estendeu sua mão direita e eu a apertei, ele, com lucidez, disse-me:

— Joanna de Ângelis me contou a presepada que as trevas prepararam para você. Contou-me, ainda, de sua coragem dentro do precipício em que lhe jogaram. O objetivo dos adversários – informou ele, mediunizado – era lhe matar, em decorrência de seu trabalho com Jesus. Fizeram com você o que fizeram comigo há quarenta anos, mas, no meu caso, tive de pular do carro em movimento. Joanna está me dizendo que agora você está preparado. Que o que passou foi um teste do qual você saiu triunfante, tendo quitado o débito com aquele Espírito. Foi uma expiação que o seu esforço transformou em prova, e você foi aprovado! Agora você pode falar de imortalidade da alma com propriedade, Joanna me diz que agora você está pronto. Ela pergunta se você não a reconheceu ao seu lado, quando aquelas entidades lhe apareceram. Vá em paz, meu irmão, e continue o seu trabalho, os guias lhe abençoam e estão com você.

Nesse momento, caí em um pranto de emoção e alegria.

Os amigos espirituais me recompensaram ali, com o querido Divaldo, as horas de angústia da provação.

×××

Para mim, aquele relato do Divaldo foi mais uma dentre as inúmeras comprovações da mediunidade apostolar e missionária que ele carrega. O mais notável é que eu não havia contado a ninguém sobre o sequestro. Apenas os meus amigos íntimos e familiares mais próximos sabiam. Até à professora Therezinha

Oliveira eu havia omitido o ocorrido, dizendo-lhe que caíra da escada. Não queria reforçar o mal com a minha narrativa.

Divaldo jamais poderia ter sabido do meu estado íntimo dentro do abismo, muito menos das entidades amigas que me apareceram, se não fosse por informação espiritual verdadeira. Fiquei comovido por saber que aquela mulher que me ladeou era Joanna de Ângelis, esse Espírito de escol que abençoa o Brasil. Mesmo sem merecer a presença desse grande Espírito, agradeci a misericórdia divina.

×××

Mais uma prova de que o trabalho sério e a verdade nos aproximam de Deus e nos protegem de todo o mal.

Passados mais de dez anos, continuo com fortes dores no tornozelo, mas firme, carregando as marcas do Cristo e seguindo com Jesus sem cessar!

"Coragem, meu filho! Tu és pessoa comum. Neste exato momento, milhares de homens morrem no mundo e muitos passam pela provação da violência como tu. Agradece a Deus por seres 'vítima', meu filho, poderia ser pior: seres o algoz e te complicares no futuro. Tu pagas hoje débitos escabrosos de antanho, felicita-te! Sabes que Deus costuma provar os Seus eleitos. Agradece a Deus pela honra de provar a tua fé."

SENDO AVALIADO

NO ANO DE 2017, FIQUEI MUITO PREOCUPADO COM nossas atividades no Centro de Estudos Espíritas Nosso Lar. Com o passar dos anos, a casa, já lotada, foi abrigando um número cada vez maior de pessoas.

Fiquei pensando em como os amigos espirituais estariam avaliando o esforço de todos nas atividades em nome da doutrina. Estávamos trabalhando corretamente? Estávamos cometendo algum erro grave ou fazendo tudo certo? Esses pensamentos me consumiram a semana.

Em uma madrugada, vi-me espiritualmente nas dependências do centro. A casa estava toda iluminada, e uma força me fez caminhar até à sala São Paulo (nosso ambiente de palestras). No palco há duas mesas, e, sobre uma delas, havia um papel dobrado de modo que, de longe, era possível vê-lo.

27

Como sou bastante organizado, pensei logo: "Quem deixou o papel sobre a mesa? Vai cair no chão com o vento e ficará feio." Subi para retirá-lo dali, e, qual não foi a minha surpresa ao verificar que aquele papel era um holerite. E pior: era o meu holerite!

Fiquei envergonhado. Como é que um papel tão pessoal teria ido parar ali? Porém, quando olhei o rendimento, fiquei contente. O valor indicado era R$ 70.000,00.

Fiquei eufórico, mas entendi na hora. Eu sabia que estava em espírito, e que aquele não era o meu salário de trabalhador comum na vida diária. Mas foi o modo que os Espíritos encontraram de avaliar o trabalho no centro. Holerite é um documento que reconhece e informa o valor do trabalho do colaborador, e o simbolismo usado pelos Espíritos foi inequívoco; eu era o presidente do centro, e o documento estava em meu nome, mas na casa espírita. O ordenado, portanto, referia-se à atividade executada na instituição.

Como toda tarefa doutrinária espírita é voluntária, aquele documento só poderia estar dizendo quanto valia o trabalho da coletividade. Não se tratava de dinheiro, de R$ 70.000,00, era, sim, uma avaliação: uma nota 7,0 dada pelos Espíritos para as nossas atividades. Vendo a minha preocupação em querer fazer o correto, os amigos espirituais encontraram um modo de me tranquilizar.

E, como sempre, os Espíritos amigos não acusam nem elogiam. Ao darem uma nota 7,0, eles agiram de modo a nos dizer: "O trabalho realizado por vocês está na média!" Não deram uma nota maior para não mexer com nossa vaidade, e nem uma nota menor para nos humilhar. A nota 7,0 revela um aluno que não está mal, mas que precisa melhorar. A mensagem foi entendida com perfeição e clareza!

Reuni os companheiros mais íntimos, partilhei a experiência com eles, sorrimos cheios de esperança (porque, afinal, a nota era boa) e procuramos rever pontos que deveriam ser melhorados.

A sabedoria da espiritualidade sempre nos auxilia.

Aprendi, também, que os bons Espíritos periodicamente nos avaliam tencionando auxílio e progresso.

Os Espíritos amigos não acusam nem elogiam. Ao darem uma nota 7,0, eles agiram de modo a nos dizer: "O trabalho realizado por vocês está na média!" Não deram uma nota maior para não mexer com nossa vaidade, e nem uma nota menor para nos humilhar. A nota 7,0 revela um aluno que não está mal, mas que precisa melhorar. A mensagem foi entendida com perfeição e clareza!

TRAGO O SEU AMOR DE VOLTA EM TRÊS DIAS

NAQUELE SÁBADO, TÍNHAMOS ACABADO DE CHEGAR de uma atividade chamada, à época, de "Bom dia, amigo". Tratava-se de visita às pessoas em situação de rua. Éramos uma equipe grande, companheiros dedicados. A tarefa consistia em levar um café da manhã às pessoas em vulnerabilidade social, conversar com elas, ler uma página do livro *Minutos de sabedoria*, de Carlos Torres Pastorino, e finalizar com uma oração. O trabalho começava às três horas da madrugada.

De retorno, por volta das oito e meia da manhã, tínhamos de limpar o centro – banheiros, salão, cadeiras etc. – para receber os alunos do curso de espiritismo que começava às dez horas e terminava às onze. Depois, havia a turma de duas da tarde e a turma de oito da noite, além da mocidade, dos cursos de formação para os tarefeiros... Enfim, o sábado todo era de atividades.

28

Já iniciada a aula do curso de espiritismo das dez horas da manhã, um casal entrou na sala, atrasado. Ele entrou carrancudo, puxado por ela. Pareceu-me que ela era muito mais velha que ele, e deduzi que o sofrimento era grande.

Aos primeiros quinze minutos de aula, o inesperado aconteceu: a mulher caiu ao solo, entortou as mãos, começou a espernear e a gritar com uma voz soturna. Ao cair, ela fez um barulhão, cadeiras também vieram abaixo e, com a cena de pavor, foi uma correria sem fim.

Em nossa casa, os alunos matriculados no curso de espiritismo são iniciantes e guardam ainda muitas dúvidas e inseguranças. A cena, então, fez com que eles se levantassem assustados, alguns gritaram, outros choraram. Alguns correram para a porta de saída e houve quem pulasse a janela, enquanto a mulher grunhia feito um bicho selvagem.

O marido permaneceu imperturbável, como se já estivesse acostumado. E quando ela subiu o tom de voz e os gritos se transformaram em urros, ele olhou para mim e deu um sorriso de canto de lábio.

Parei a aula, acalmei o povo e fui em direção à mulher. Perguntei ao rapaz que estava com ela se era parente, e ele me informou que era seu esposo. Pedi que a levantasse e a levasse a uma pequena sala contígua ao nosso antigo salão. Depois, pedi a ela que se sentasse. Deixei a porta aberta, de onde se via um corredor, e pedi a ele que aguardasse no fim dessa passagem; dali, ele poderia nos ver perfeitamente. Nunca atendo pessoas a portas trancadas.

Olhei para ela e, com muito respeito, disse-lhe:

— Você está fazendo isso porque ele quer se separar de você, não é? Não há Espírito aí, você sabe disso.

Repentinamente, ela me abraçou com força e chorou um choro de uma vida. De longe, encontrei o olhar do marido no corredor; levantei a mão e pedi a ele que tivesse calma. Ele parecia espantado.

Quando ela terminou de chorar, quis me explicar algo, como querendo se justificar, mas eu a interrompi, dizendo:

— Não se preocupe com isso, eu entendo perfeitamente as suas razões. Mas preciso lhe dizer algo: se eu fosse o seu marido, também pensaria em me separar de você.

Ela levou um susto e pareceu recobrar a consciência.

— Por quê? – perguntou, decepcionada.

Eu a olhei com ternura, compaixão, e expliquei:

— Olhe para você! Esqueceu de si mesma. Você viveu a vida dele, você quer ser dele. Ele se tornou a pessoa mais importante da sua vida e você se abandonou. Não permita isso. Você o está sufocando.

Então, declamei para ela o poema de Khalil Gibran (poeta libanês) "Sobre o casamento":

Sim, vocês permanecerão juntos até mesmo na memória silenciosa de Deus. Mas permitam que haja espaços em sua junção. E deixem que os ventos celestes dancem entre vocês. Amem um ao outro, mas não façam do seu amor uma prisão; deixem que exista um mar ondulante entre as praias de suas almas. Encham um ao copo do outro, mas bebam de sua própria taça. Ofereçam um ao outro do seu pão, mas não comam juntos do mesmo pedaço. Cantem e dancem juntos, e sejam alegres, mas deixem que cada um possa também estar só. Assim como as cordas do alaúde são separadas e, no entanto, vibram na mesma música. Ofereçam seus corações, mas não para a guarda um do outro. Pois apenas a mão da Vida pode conter seus corações. E vivam juntos, mas não tão colados um no outro. Pois as colunas do templo estão separadas, e o carvalho e o cipreste não crescem à sombra um do outro. [Khalil Gibran, *O profeta*, "Sobre o casamento"]

Ela ficou petrificada. Na sequência, perguntei-lhe:
— Você ama esse homem?
— Sim, com todas as minhas forças.
— Ele parece ser do tipo cafajeste.
— Totalmente – ela concordou.
Então, tive uma visão: eu a vi muito jovem e vestida de modo peculiar. Acrescentei, confiante:
— Sendo assim, porque você não pinta o cabelo de louro, usa um batom vermelho bem forte, brincos argolados, calça justa?

Ela respondeu, admirada:

— Eu era exatamente assim quando ele me conheceu!

— Corra, mulher! Pinte esse cabelo, arrume esse rosto, deixe de chorar! Viva para você primeiro. Arrume essa cabeleira por você! Ao usar o batom, pense no quanto você é bonita. Vamos! Você tem de pensar que é a Madonna.

Rimos, e ela se acalmou. Abraçou-me longamente e saímos da sala felizes, sorridentes. O marido arregalou os olhos e me perguntou:

— O que é que você fez?

— Nada, apenas conversamos.

— Como é possível?!? Chegando aqui, vi você magrinho desse jeito e pensei: "Ela vai dar outro *show* e ele não vai aguentar." Quando ela começa a ficar louca assim, fica desse jeito por mais de doze horas e ninguém consegue libertá-la. Você o fez em menos de cinco minutos. Como conseguiu?

Eu, então, dei um sorriso de canto. Ele entendeu, rimos todos e nos despedimos.

Algumas semanas depois, em um sábado, eu estava trabalhando no Centro de Estudos Espíritas Nosso Lar, preparando-me para o curso de espiritismo. Enquanto organizava o salão, colocava os livros para fora (naquele tempo, nossa livraria era composta por algumas estantes expositivas de ferro aramado, que todos os dias tínhamos de colocar no pátio e depois recolher). Estava nesse serviço quando percebi um vulto de uma cabeleira amarela passando por mim.

Terminada a arrumação, posicionei-me para a aula e, do pequenino palco, vi o homem de algumas semanas antes com um mulherão ao lado, e pensei, sofredor: "Canalha! Ele já largou a pobre da mulher e está com outra. Pobrezinha, foi traída e abandonada. E ele ainda teve o descaramento de trazer a amante aqui, neste ambiente de espiritualidade?" Fiquei muito triste, e ele, bem-vestido, cada vez mais empolgado e sorridente, acenava para mim. Eu pensava: "O safado ainda tem coragem de sorrir, valha-me Deus!"

Terminada a aula, ele se levantou com a "amante". Tentei fugir, esquivar-me, mas ele conseguiu me alcançar e eu fiz uma cara bem feia para ele. A amante se dirigiu a mim e perguntou:

— Você se lembra de mim?

— Não conhe... – comecei a dizer.

Aí me dei conta, era ela... Loura, linda, de brincos argolados, batom vermelho elegante, roupa chamativa, mas bem-posta. Fiquei emocionado e disse:

— Mulher...

Ela riu, eu ri. Ela chorou, eu chorei, o marido chorou, os alunos que saíam da sala não entendiam nada daquela choradeira.

Foi então que o esposo se aproximou e, com muita ternura e lágrimas nos olhos, agradeceu-me:

— Muito obrigado, você trouxe a minha mulher de volta.

Ela me olhou e finalizou:

— Emanuel, você salvou o meu casamento.

Para quebrar aquele clima de agradecimento e exaltação, lembrei-me do que alguns prometem por aí e que já virou motivo de anedotas na sociedade, e disse:

— Sabe aquele pessoal que diz: "Trago o seu amor de volta em três dias?"

— Sim – respondeu ela, interessada.

— Pois bem, no seu caso, você teve o seu marido de volta em menos de duas horas.

Rimos todos. Foi um dia feliz!

Mais tarde, sozinho no centro, refleti sobre a importância da casa espírita. Quantos dramas desfilam por nossos ambientes? Quantas criaturas caídas saem reerguidas pela força da doutrina?

Sim, o espiritismo equilibra e ajuda o progresso dos seres humanos no mundo. Bendita doutrina!

— Emanuel, você salvou o meu casamento.

Para quebrar aquele clima de agradecimento e exaltação, disse:

— Sabe aquele pessoal que diz: "Trago o seu amor de volta em três dias?"

— Sim – respondeu ela, interessada.

— Pois bem, no seu caso, você teve o seu marido de volta em menos de duas horas.

Rimos todos.
Foi um dia feliz!

UM TESTE PARA A VAIDADE

ENTARDECIA.

Aquela seria a última palestra do programa de fim de semana em um dos estados brasileiros. Confrades me apanharam na rodoviária e me levaram para uma cidade da região metropolitana de grande capital.

Eu estava na fase de conclusão da minha dissertação de mestrado, e, preocupado com as leituras que tinha de fazer, aproveitava todo o tempo livre que tinha. Assim, não percebi que chegávamos ao centro espírita para a palestra.

O salão do evento era imenso, poderia abrigar cerca de quinhentas pessoas. Naquele momento, porém, estava vazio. Sentei-me numa das cadeiras na primeira fileira do salão e, acredito que devido ao cansaço, adormeci. Ao abrir os olhos, o salão estava lotado! Suspirei, e alguém disse:

— Silêncio, ele está recebendo o guia.

Mas eu não estava recebendo o guia, não, era cansaço, mesmo! E se ronquei, tadinho do guia, foi ele quem levou a culpa!

Percebi que, ao levar a mão à cabeça, o povo soltou um "Ahhhh!". Pensei: "O que é isso?" Quando levantei a outra mão para ajeitar a gola da camisa, houve uma nova manifestação, com ainda mais ênfase. Fiquei com medo e fechei os olhos. Em silêncio, concentrava-me e pedia a Deus que o dirigente me chamasse para iniciar a palestra.

Fiquei assim uns quarenta minutos, e nada de a palestra começar. Nesse ínterim, alguém me tocou com muito respeito e disse:

— Sabemos que o irmão está incorporado. Portanto, vamos levá-lo ao palco para a palestra.

Eu quis esclarecer que não se tratava daquilo, que eu estava apenas meditando. Mas o rapaz não permitiu e disse:

— Vossa graça santíssima, estamos acostumados com isso. Nossos irmãos espirituais disseram que o senhor veio em nome deles para nos esclarecer. Já sabemos quem o senhor é. Apenas fale para nós.

Fiquei petrificado e nervoso, meus braços enrijeceram e eles entenderam o gesto como uma manifestação espiritual. Comecei a ter tremedeira e a situação piorou, porque eles diziam que eram as energias dos guias. Levaram-me carregado ao palco. Uma vez ali, não sabia mais se abria os olhos ou se os mantinha fechados, se eu estava incorporado ou se era eu mesmo. Se aquele pessoal descobrisse que não tinha Espírito ali, poderiam me linchar.

Então, arrisquei: abri os olhos e estavam todos com as mãos levantadas, quase em adoração. Assustado, comecei a palestrar.

Curiosamente, Espíritos bondosos que eu desconhecia se aproximaram e me envolveram tão intensamente que perdi a consciência. Lembro-me apenas de ver seres muito iluminados.

Terminada a palestra, a multidão estava em delírio. Comecei a atender o povo, que me tratava com muito carinho. Entretanto, eram tantos os autógrafos nos livros de minha lavra mediúnica que o horário se esgotou e eu fiquei prestes a perder meu voo.

Foi então que o companheiro responsável pelo transporte avançou na multidão, agarrou-me com força e me puxou pelo salão. Corremos e entramos às pressas no carro, enquanto a multidão nos cercava. As pessoas diziam palavras de carinho, de incentivo e de afeto, e pediam autógrafos, balançando o automóvel. Foi uma sensação de pavor!

Pelo vidro, pude ver que adversários espirituais insuflavam o povo. Aquele Espírito que me fez cair na avenida no estado do Rio de Janeiro parecia gritar o meu nome e instigar ainda mais a multidão: "E... ma... nuel! E... ma... nuel! E... ma... nuel!", enquanto erguia os braços com as mãos espalmadas para cima como quem incentiva o povo. Fazia isso, olhava-me e ria.

Eu entendi, perfeitamente, o que estava acontecendo. Era um teste. Se eu entrasse na faixa vibratória da vaidade, estaria me filiando moralmente àqueles Espíritos e autorizando a ação deles sobre mim. Felizmente, eu já tinha conhecimento espírita suficiente para não me intoxicar com a vaidade.

O motorista aproveitou uma brecha do povo, acelerou e partimos, aliviados.

Nora apareceu para mim e disse:

— Meu filho, fizeste bem. Todavia, jamais esqueças de Jesus e aprende: "Eu vim ao mundo para servir e não para ser servido". [Mt 20:28]

Chorei e agradeci em silêncio, guardando o aprendizado.

Terminada a palestra, a multidão estava em delírio. Adversários espirituais insuflavam o povo.

Era um teste. Se eu entrasse na faixa vibratória da vaidade, estaria me filiando moralmente àqueles Espíritos e autorizando a ação deles sobre mim.

Nora apareceu e disse:

— Jamais esqueças de Jesus e aprende: "Eu vim ao mundo para servir e não para ser servido".

A MOÇA DOS OLHOS AMENDOADOS

A DISTÂNCIA ERA LONGA. A VIAGEM DE ÔNIBUS, DESsa vez, iria me levar para fora do estado de São Paulo.

Exausto com as atividades de rotina, eu ainda estava às voltas com minha dissertação de mestrado. Estudei durante toda a viagem.

Quando os convites para palestras ocorrem, nem sempre conhecemos os anfitriões. As tratativas são feitas por telefone, agendamos a data, recebemos as passagens e pé na estrada.

Quando o ônibus chegou à rodoviária de destino, eu não sabia quem me receberia. Mas, ao me levantar para apanhar a bagagem de mão, vi pela janela uma jovem de olhar paralisante. Segurei a bagagem e fui andando pelo ônibus sem conseguir desviar o olhar daquela moça. Ao descer, ela me alcançou e perguntou, com aqueles olhos que me paralisaram:

— É você?

— Sim, sou eu – respondi.

30

Ela não conhecia o palestrante e eu não conhecia quem me recepcionaria. Foi a caminho do carro que, surpreendentemente, apresentamo-nos.

— Eu sou o palestrante espírita – disse eu.

Somente aí ela se deu conta de que não tinha perguntado meu nome. Começamos a rir, pensando no risco que tínhamos corrido de estarmos com a pessoa errada.

Durante o trajeto, houve um clima de emoção. Ficamos mudos, sem conseguir dizer uma palavra. Ela me hospedou em sua própria casa, tomando o cuidado de se retirar e hospedar-se com familiares, deixando-me sozinho em sua mansão. Ela tinha muitos recursos financeiros.

Quando nos despedimos, ela inesperadamente segurou a porta com um dos pés, impedindo que eu a fechasse, ao mesmo tempo em que disse:

— Estou apaixonada por você. Sou noiva, mas não sou feliz com ele.

Naquele momento, quando ela me fixou com seus olhos amendoados, tive uma visão. Algo despertou o meu passado. Vi-me árabe, usando um turbante e um lenço de seda no pescoço. (Adoro echarpes, tenho mais de cem!) Cavalgava um corcel negro de pelo reluzente. Ela me aguardava sobre uma pedra, em um local afastado. Ao me ver, retirou o véu que lhe cobria o rosto. Estendi a mão para puxá-la, mas algo me impediu. Disse-lhe:

— Não podemos, tu és casada!

— Mas tu sabes que não amo o meu marido.
— Eu sei, mas levar-te comigo será destruir os corações daqueles que confiaram em nós. Não posso! Volta, o teu marido te espera. As estrelas são testemunhas do nosso amor e um dia abençoarão os nossos destinos.

E parti à galope, deixando-a.

Quando voltei à realidade objetiva, ela estava em prantos, porque, segundo ela, eu havia narrado os acontecimentos que vi em meu transe. Então, eu a fiz entrar. Conversamos bastante. E tive outra visão. Vi ao lado dela quatro rapazes bem bonitos, árabes e inteligentes. Eles me agradeceram, dizendo:

— Emanuel, diga que ela será a nossa mãe. Somos quatro Espíritos ligados ao passado dela. Eu e ele – disse, abraçando um dos Espíritos – seremos médicos; esses dois – apontou para os outros afetuosamente, beijando-os – serão advogados e, posteriormente, juízes. Temos tarefas na área da medicina e do direito, e ela assumiu o compromisso de nos receber. O nosso pai precisa ser o noivo dela porque ele é quem vai abrir os caminhos para a magistratura dos meus irmãos. Meu avô é médico, tenho laços intensos com ele. Ela precisa se casar com o noivo, nosso futuro pai. Ela se apaixonará por ele, diga isso a ela. Ele é um bom homem, sua contribuição para o Brasil será importante.

Emocionado, narrei isso a ela e disse que não poderíamos ter nenhum relacionamento (porque naquela época eu não podia assumir nenhum compromisso com a afetividade). E que isso poderia interferir no programa espiritual dela para aquela vida. Ela chorou muito, mas ficou impactada com as informações. Foram três dias de lutas íntimas e de sofrimentos para mim e para ela.

Na volta, mais três horas de estrada. Ela me disse:
— Eu não amo o meu noivo.
— Mas vai amar – respondi sorrindo.
— Eu não quero ter filhos.
— Mas terá quatro. Dois médicos e dois magistrados – disse-lhe animado.
— Eu quero você.
— Infelizmente não posso. Vim fazer palestras e não arrumar casamento com a moça mais rica da cidade. O seu futuro marido tem um cargo político importante e os Espíritos dizem que o seu compromisso é com ele. Espere, tudo dará certo.

Ao chegar à rodoviária, abraçamo-nos fraternalmente e embarquei.

Meses depois, ela me escreveu. "Meu casamento será em trinta dias, ainda consigo fugir! Tenho dinheiro suficiente para uma vida confortável para nós dois e para os nossos futuros filhos. Diga onde está que mando lhe buscar imediatamente."

Não escrevi de volta. Um ano depois, recebo uma nova correspondência: "Estou casada e grávida do primeiro filho, acho que estou me afeiçoando ao meu marido."

Não enviei resposta. Um tempo depois, recebi uma nova missiva: "Meu segundo filho nasceu, gosto do meu marido."

Não respondi. Após alguns anos, nova correspondência: "Tive dois filhos gêmeos e agora amo o meu marido e a minha família. Muito obrigada, Emanuel, você tinha razão. Meu destino é com o meu marido, os meus filhos e a minha família; a sua vidência se comprovou na íntegra. Entretanto, aguardo, pela lei da reencarnação, que as estrelas nos reúnam e nos abençoem em uma outra existência."

Fechei a carta, premi-a junto ao peito, fiz uma prece por eles e chorei...

—Eu não amo o meu noivo.

—Mas vai amar – respondi sorrindo.

—Eu não quero ter filhos.

—Mas terá quatro. Dois médicos e dois magistrados – disse-lhe animado.

—Eu quero você.

—Infelizmente não posso. Vim fazer palestras e não arrumar casamento com a moça mais rica da cidade.

ODEIO VOCÊ

EM VISITA PERIÓDICA A UM DOS ESTADOS BRASILEI-ros, reconheci uma certa mulher, que me assistia costumeiramente.

Os olhos vítreos observavam-me, e neles notei dor e sofrimento. Percebi que, por onde eu passava, em qualquer cidade do Brasil, lá estava ela, sempre nas primeiras fileiras. Ela se aproximava para os autógrafos e eu a tratava com dignidade e respeito, como trato a todos.

Uma tarde, o presidente da Federação Espírita do estado (cujo nome ocultarei para preservar os envolvidos) me ligou um tanto preocupado:

— Emanuel, conheço e acompanho de perto o seu trabalho, por isso tomo a liberdade de lhe prevenir. Há, aqui em nosso estado, uma moça que nos tem dado muito trabalho e que aponta o seu nome como o motivo das lutas dela. Ela diz que esteve em Campinas e que você a hospedou em um hotel próximo à rodoviária. Afirma que vocês têm um relacionamento amoroso e que você até paga a pensão para o filho que tiveram juntos.

Fiquei abismado e, antes que tentasse me defender, o presidente continuou:

— Não se preocupe, conhecemos o seu caráter e sabemos que o desequilíbrio é dela. Meu telefonema objetiva alertá-lo, porque ela se diz apaixonada e afirma que terá você, custe o que custar. Afirmou aos familiares que nos procuraram que perseguirá você em todas as palestras que fizer.

Eu agradeci a informação e me mantive discreto e em prece.

Com o tempo, ela cumpriu a promessa: ia a todas as palestras, ia até Campinas, procurava me cercar. Mas amigos queridos me protegiam. Estabelecemos uma tentativa de esclarecimento via acolhimento fraterno, mas ela não permitiu.

Logo, começaram as cartas, os telefonemas para o centro e as ameaças de morte. Como ela comparecia a todos os eventos, fui ficando preocupado. Até que em uma das vezes em que tentou falar comigo e os confrades a desviaram, de longe ela fez sinal com a mão, imitando uma arma com o indicador e o polegar, depois ergueu a bolsa e bateu nela várias vezes. Pensei: "A morte será hoje!"

Terminei o seminário, atendi o povo e, felizmente, quando chegou a vez dela, alguém me tirou do local.

Passaram-se anos sem que ela me desse trégua.

Uma ocasião, atendendo a um convite de Ricardo Pinfildi, fui a Catanduva para um circuito de palestras na região. Ela ligou para o Centro de Estudos Espíritas Nosso Lar para confirmar as cidades que eu visitaria. Com efeito, assim que cheguei a Catanduva, informei o ocorrido ao querido Ricardo Pinfildi e lhe pedi ajuda. Mas confesso que o pedido ficou meio solto, em um clima de: será que algo acontecerá? Mesmo?

No domingo logo cedo, pronto para a tarefa no centro espírita em São José do Rio Preto, eu a vi chegar. Eu já estava no palco aguardando o convite para assumir a tribuna. Ela chegou, ergueu a bolsa e bateu nela três vezes. Pensei: "Meu Deus, receba-me nos Teus braços. Pelo menos, morrerei enquanto falo."

Fiz uma oração. A palestra começou e ela mantinha o olhar vitrificado em mim. Orei tanto naquela manhã de domingo que nem sei como fiz a palestra.

Ao terminar, comecei a distribuir autógrafos, e o Ricardo Pinfildi já estava ao meu lado para me socorrer caso fosse necessário. Ele me pediu confiança, dizendo que os bons Espíritos estavam de plantão. Confiei, mas me agarrei à oração.

Formou-se uma fila mais ou menos longa e, para o mal dos meus pecados, ela ficou em último. Senti como se estivesse em uma contagem regressiva para o fim. "Será que vai doer? Acho que, se for na cabeça, a gente morre rápido, ou no coração deve ser mais veloz. Porque sair correndo ficaria muito feio, e eu devo dar um testemunho de fé." Aguardei firme.

Quando chegou a vez dela, ela me entregou um livro para autografar, olhou-me e perguntou:

— Lembra de mim?

Respondi olhando-a fixamente e estendendo a mão para pegar o livro:

— De momento, não!

— Tem certeza? – perguntou irônica.

— Sim, tenho.

Ela pegou a bolsa com fúria, amarrotando-a, de modo que percebi um objeto grande dentro dela (seria uma arma?). Socou-a na mesa ao mesmo tempo que disse:

— Eu odeio você!

Falou com ódio e saiu às pressas, chorando e pronunciando palavrões.

Felizmente, tudo acabou ali. A oração tem poder e Deus vence sempre! Mais uma intenção de morte desfeita pela bondade de Deus e pelos bons Espíritos.

Por isso, nos cumprimentos, evitamos abraçar, beijar etc. Aqueles que estão de fora não entendem, mas são cuidados necessários. Lidar com o público em geral é expor-se também à loucura e aos sofrimentos humanos. Dessa feita, trabalhar em equipe e contar com a ajuda dos amigos encarnados e desencarnados é sempre importante.

Senti como se estivesse em uma contagem regressiva para o fim. "Será que vai doer? Acho que, se for na cabeça, a gente morre rápido, ou no coração deve ser mais veloz. Porque sair correndo ficaria muito feio, e eu devo dar um testemunho de fé." Aguardei firme.

INTERFERÊNCIA DOS ESPÍRITOS

O ANO ERA 1998.

Um dia, eu estava muito aflito. Era estudante do segundo ano de graduação do curso de filosofia na Pontifícia Universidade Católica de Campinas, SP, instituição que respeito e à qual sou grato.

Filosofia era um dos cursos menos procurados da universidade. Quando eu disse para a minha mãe que faria essa graduação, ela ficou apavorada:

— Vai viver de quê, menino?

Meus professores também nos desanimavam. A filosofia foi retirada da grade curricular do ensino médio na ditadura, e as possibilidades de emprego eram remotas. Eu pagava a faculdade com a ajuda de amigos muito queridos que se cotizavam para aliviar o fardo da mensalidade.

Uma manhã, refletindo sobre minhas escolhas enquanto subia as escadarias do Instituto de Letras, no centro de Campinas, fui tomado por um sentimento de derrota e de incapacidade. Chorei. Sentei-me na

32

escada e o choro se tornou compulsivo. O dia todo permaneci assim, deprimido, desolado. O que faria da vida? A única chance, diziam os professores, era uma carreira acadêmica em nível superior, mas a titulação mínima era um curso de mestrado com mais dois anos de estudo, além de proficiência em um idioma estrangeiro. Tudo muito caro e completamente fora de minhas condições financeiras.

Naquele tempo, eu já era fundador e presidente do Centro de Estudos Espíritas Nosso Lar e tinha de estar presente às atividades. Compareci, fiz a palestra enchendo o público de esperança, mas, por dentro, estava estraçalhado, envergonhado e perdido. O mestrado me salvaria, mas como?

Nessa noite de muitas amarguras, dormi pesadamente. Saí do corpo e, no meu quarto, uma entidade, usando uma toga preta, estendeu-me a mão, como se me convidasse a sair. Eu não conseguia olhar para cima para ver o seu rosto; erguia a cabeça, mas uma força me impedia. Percebi que se tratava de uma mulher pelo tamanho das mãos e porque as unhas estavam esmaltadas. Notei que embaixo de seu braço direito ela carregava um caderno preto, como se fosse um livro de atas, mas um pouco mais grosso. Saímos de casa e, imediatamente, vi-me ao lado dessa entidade no pátio do prédio de Letras da universidade. Exatamente onde eu era monitor e lecionava aos alunos do primeiro ano a disciplina "LPT: Leitura e Produção de Textos", sob a tutela da notável professora Graciema Pires Therezo.

O Espírito me levou até a sala em que lecionava, fez-me sentar à mesa do professor, abriu o livro preto, apontou com o indicador o local e ordenou:

— Assine!

— O que é isso? – perguntei assustado.

— Assine! – ela repetiu categórica.

Eu assinei com firmeza. Quando terminei, ela fechou o livro com força que ruiu num estrondo. Então finalizou:

— Isso? É a sua vaga de mestrado reservada!

E desapareceu.

Eu acordei, eufórico. Ela partiu, mas me deixou uma alegria sem fim.

Liguei imediatamente para Juliana Biason, minha amiga querida, e lhe contei o desdobramento, acrescentando:

— Ju, apenas para que você sirva de testemunha. Se eu entrar algum dia no mestrado terá sido por interferência dos Espíritos.

O tempo passou...

Ao concluir a graduação, ainda nos meses finais de aula, eu disse à professora Constança Marcondes César:

— Voltarei para fazer mestrado, pode aguardar.

Ela respondeu:

— Isso, e você trabalhará o conceito de justiça na obra *O justo*, de Paul Ricoeur.

Terminada a aula com a referida professora, fui à sala dos professores para alguma atividade. Lá estava o professor Paulo Pozzebon. Ele me olhou, apontou o cartaz do curso de mestrado e estimulou:

— Emanuel, isso é para você. Não perca a oportunidade.

— Ah, professor, não tenho recursos, não. Não conseguirei pagar os créditos. Além disso, tenho de encontrar um emprego.

— Não, senhor! – disse ele enfático. – Você precisa fazer.

— Mas não tenho dinheiro nem para a inscrição.

— Apele a algum parente e faça.

Era uma sexta-feira e o prazo de inscrição terminava às seis horas da tarde. Eram onze da manhã e eu nem tinha feito o projeto.

O professor Paulo ligou para a secretaria de pós-graduação e recebeu a informação de que, se o projeto fosse colocado embaixo da porta na segunda-feira até às oito da manhã, a secretaria aceitaria.

— Corra, Emanuel!

Liguei para a minha irmã, que pagou a taxa de inscrição. Falei com a professora Constança e pedi mais informações sobre o projeto, e passei o fim de semana preparando-o.

Na segunda-feira, às sete horas da manhã, com a universidade abrindo as portas, entreguei o documento juntamente com outros estudantes na mesma situação. Lembro-me de lançar o envelope por debaixo da porta e fazer um "Pai Nosso", pedindo a Deus que me amparasse.

A primeira fase era a análise do documento. Aprovado!

A segunda fase era uma entrevista/sabatina sobre o tema/projeto. Aprovado!

Mas... como pagar o mestrado? Iniciei com fé em Deus e nenhum dinheiro. Nesse ínterim, surgiu um concurso para bolsa de estudos integral. Se fosse aprovado, o sistema pagaria os créditos e eu receberia um salário para estudar.

Veio o concurso. Aprovado em segundo lugar com bolsa integral!

Felicidade!

Quando comecei o curso de mestrado como aluno bolsista, ainda nos jardins do *campus* Cura d'Ars no bairro de mesmo nome, vi a entidade sentada diante do chafariz que lá havia. Mais uma vez, não pude ver-lhe o semblante, pois uma névoa me impedia. O Espírito usava a mesma toga preta e parecia apressado e ocupadíssimo. Estava com o livro aberto e fez sinal com a mão, para que eu me aproximasse. Parecia ticar ou conferir itens anotados e, como se estivesse cumprindo ordens, fechou o livro com um estrondo e disse, severo:

— Contrato executado com sucesso! Sua vaga de mestrado foi reservada e efetivada. Seja bem-vindo!

Dizendo isso, desapareceu.

Sentei-me no beiral da fonte e, observando a dança dos peixes, agradeci a Deus e chorei comovido...

Os Espíritos sabiam. Lembrei-me do desdobramento! Estava assinado no livro dos céus e se cumpriu.

Creio que os bons Espíritos, vendo o meu esforço com trabalhos diários no espiritismo, puderam conjugar fatores em meu benefício. Essa titulação muito me ajudaria na carreira. A conclusão do curso foi referta de desafios e inúmeros testemunhos, mas foi executada no tempo estipulado pela universidade. Creio que, nesse caso, não houve mérito da minha parte, propriamente, mas, sim, a misericórdia divina sobre mim, em amparo constante. Em qualquer situação, temos de perseverar, "porque aquele que perseverar até o fim será salvo". [*Mc* 13:13]

O Espírito us[a]
preta e parec[...]
ocupadíssimo. [...] co[m]
um livro aberto e [as]sin[ou]
com a mão, para que eu me
aproximasse. Parecia ticar
ou conferir itens anotados e,
como se estivesse cumprindo
ordens, fechou o livro com
um estrondo e disse, severo:

— Contrato executado com
sucesso! Seja bem-vindo!

Dizendo isso, desapareceu.

O "ASSALTO" EM SÃO PAULO

EU ESTAVA MUITO FELIZ PELO CONVITE PARA FALAR na capital paulista. A orientação era, após chegar ao Terminal Rodoviário Tietê, pegar um táxi até o destino. Empolgado, preparei tudo.

Naquele dia, acordei um pouco preocupado. Sonhara, naquela madrugada, que uma multidão invadia o Centro de Estudos Espíritas Nosso Lar em Campinas, SP, e tentava me assaltar. Mas, instintivamente, no sonho eu clamava por Batuíra bem alto e longamente.

Ele surgia luminoso e afastava a multidão, salvando-me!

O dia seguiu conforme o combinado. Cheguei do trabalho e às pressas fui para o terminal rodoviário. A Viação Cometa singrou a rodovia Anhanguera e, perto das sete da noite, desembarquei no Terminal Tietê, na capital.

Ao descer, tencionei procurar um táxi, e logo um homem apareceu, cercando-me e perguntando:

— Táxi? Táxi? Táxi?

Respondi que sim, e fui encaminhado para um carro sem identificação. Esse pessoal é tão hábil que nos deixa tontos e sem ação. Entrei no automóvel, passei o endereço para o motorista e seguimos. Trinta minutos de viagem e nada de chegarmos. O motorista dizia que era longe mesmo, mas eu não me lembrava dessa informação de que a distância era longa. Nesse momento, vi a figura luminosa de Batuíra.

Chegamos a um local escuro, uma rua erma, depois de cinquenta minutos de viagem. O carro parou e o motorista disse:

— Nossa, quebrou o cabo da embreagem!

Percebi que seria assaltado. Olhei ao redor e vi uma padaria a uns cem metros de distância. Na porta, um carro de táxi oficial. Sem olhar para o medidor de valores, retirei cem reais da carteira, entreguei ao motorista e saí correndo. O motorista deu partida no carro e veio atrás de mim, mas teve de manobrar o veículo e por isso escapei. Cheguei à padaria e vi que Batuíra ficou ao lado de um homem simpático. Eu não tive dúvidas e perguntei:

— O senhor é taxista?

— Sim, como você sabe?

— Não sei, só sei que sei – disse esbaforido. – O senhor está livre?

Ele estava disponível e, quando informei o endereço, ele me disse preocupado que estávamos do lado oposto da cidade. Narrei o acontecido e ele esclareceu:

— Moço, você teve um livramento. Agradeça a Deus, porque muitas pessoas são assaltadas e mortas assim. Tenha a certeza de que você nasceu de novo na noite de hoje!

Batuíra me salvou!

Só depois me recordei de que Batuíra, português de nascimento, trabalhou muito na capital paulista e teve uma passagem pelo interior de São Paulo, inclusive pela cidade de Campinas, onde nasci!

Cheguei ao centro faltando poucos segundos para o início da palestra, que fiz com alegria e dedicação. Ao terminar, atendi ao público sem nada contar sobre o acontecido. Chamei o mesmo taxista que havia me levado até o centro e ele me conduziu de volta à rodoviária. A Viação Cometa me levou de retorno para Campinas, na segurança de Batuíra.

Nunca mais esqueci o carinho e a proteção desse querido Espírito.

— O sen[hor]

— Sim, com[o]

— Não sei, só sei q[ue]
– disse esbaforid[o]. –
O senhor está livre?

Narrei o acontecido
e ele esclareceu:

— Moço, você teve um livramento. Agradeça a Deus, porque muitas pessoas são assaltadas e mortas assim. Tenha a certeza de que você nasceu de novo na noite de hoje!

Batuíra me salvou!

O SENHOR TEM QUE DIZER QUE É UM OBSESSOR

AQUELE PARECIA SER UM DIA NORMAL DE ATIVIDAdes no Centro de Estudos Espíritas Nosso Lar. A nossa casa é muito grande e sempre há o que fazer.

Eu estava empenhado em intensas atividades de organização quando ouvi um alarido na livraria. Uma voluntária surgiu atônita e, lívida, disse:

— Tem um rapaz na recepção tomado por um obsessor, você precisa resolver.

Chegando ao local, nossa equipe se atrapalhou um pouco, dada a complexidade do caso. O pessoal rodeou o assistido e começou a dar passes, fazer orações.

Aproximei-me, dispensando a equipe, e desfiz a rodinha. Perguntei quem o acompanhava e dois parentes se apresentaram. Pedi a eles que levassem o moço para a sala nove. Os familiares ficaram do lado de fora, acompanhando tudo pelo visor transparente da sala de aula. Fechei a porta e ficamos apenas nós dois. Arrependi-me!

O rapaz era um Hércules, imenso, forte. Movimentava-se pela sala como um gorila agitado. Batia no peito, mordiscava os lábios, uivava. Sentei-me e lhe disse:

— Vamos conversar?

A resposta foi um sonoro e apavorante urro. Ele me olhou, cerrou os punhos e gritou de novo. Nesse momento, fui tomado por uma força curiosa. Também fechei os punhos, olhei para ele, tremi a cabeça e gritei com mais foça do que ele. O rapaz se assustou e eu também!

Entretanto, foi curioso... Ele se acalmou e sentou feito uma criança quando perde a graça. Nesse instante, a força que me tomou falou ao meu ouvido: "Isso não é Espírito, não, ele está drogado!" Aproximei-me dele e, respeitosamente, informei:

— Eu sei que não tem Espírito aí, a quem você quer enganar? Por que você está fazendo isso? Não precisa, somos amigos.

O rapaz ficou em choque. Fiz os aconselhamentos necessários e lhe pedi que contasse a verdade a seus parentes. Ele, surpreendentemente, informou que eles já sabiam que aquele comportamento era uma fraude.

Quando abri a porta e pedi aos familiares que entrassem, eles foram logo dizendo:

— Ele está melhor? Não pode! Ele não pode melhorar, moço. E o Espírito, para onde foi?

— Não tinha Espírito – respondi –, era uma farsa.

— Fale baixo, moço. Ninguém pode saber.

— E por que vocês fizeram esse teatro?

A mãe explicou:

— Sabe o que é, é que esse meu filho estava internado em uma clínica de reabilitação para usuários de drogas. Hoje ele me ligou pedindo que o tirasse de lá. Meu marido não autorizou, mas você sabe como é coração de mãe... Eu o tirei da internação e a clínica disse que, se eu o fizesse, não mais o receberia de volta. Meu marido disse a mesma coisa. E essa criatura aí não cumpriu com a palavra, entupiu-se de drogas e agora não tenho para onde levá-lo. Se o senhor disser que é Espírito, tenho o que dizer para o meu marido. Ele certamente ligará para o centro, para checar, ou virá pessoalmente. Não imaginava que o senhor fosse descobrir a nossa intenção.

Eu os acolhi e disse que o rapaz precisava de ajuda médica urgente. Orientei-lhes a contar a verdade e a apelar ao amor paternal, mas disse que não patrocinaríamos a mentira.

Ela pegou o rapaz pela mão e, enfurecida, saiu dizendo:

— Vamos embora, meu filho. Isto aqui não é um centro espírita, não. Essa gente não faz caridade. Vamos para outro, alguém haveremos de enganar.

E, beijando o filho, concluiu:

— Fica calmo, filhinho, mamãe está aqui!

Entraram no carro e desapareceram...

— Eu sei que não tem Espírito aí, a quem você quer enganar?

Quando abri a porta e pedi aos familiares que entrassem, eles foram logo dizendo:

— Ele está melhor? Não pode! Ele não pode melhorar, moço. E o Espírito, para onde foi?

— Não tinha Espírito – respondi –, era uma farsa.

— Fale baixo, moço. Ninguém pode saber.

APARIÇÕES
EM PORTUGAL

AS ATIVIDADES ESPÍRITAS ME PROPORCIONARAM muitos momentos de felicidade. A vida é tão cheia de surpresas que me encanta.

Estive em Portugal em duas oportunidades: em 2004 e em 2011. Meu pai é português e veio da Vila de Pombal, no distrito de Leiria.

O primeiro convite que recebi para ir àquele extraordinário país veio exatamente de Leiria, região de nascimento dos meus avós e do meu genitor. Foi uma emoção imensa! Seria a primeira vez que viajaria ao exterior, e encontrar minhas raízes parecia ser um capricho do destino.

Em 2004, não senti nada espiritual, nenhuma emoção ligada aos meus pais ou a parentes. Compreendi que nada tinha com aquele ambiente. Fui muito bem recebido por dona Isabel Saraiva, a grande dama dedicada do espiritismo naquele país, e por seu esposo Joaquim Saraiva, e ambos me encheram de alegrias e esperanças.

35

Em 2011, fiz uma jornada doutrinária de dezesseis palestras por cinco países da Europa: Inglaterra (quatro palestras), Alemanha (seis palestras), Suíça (uma palestra), França (uma palestra) e, finalmente, Portugal (quatro palestras) – neste último país, mais uma vez a convite da querida senhora Isabel Saraiva e seu esposo.

As tarefas ao longo da viagem foram muito intensas e eu, já no aeroporto Charles de Gaulle, na França, aguardando o embarque para Portugal, fui tomado por uma inexplicável emoção. As lágrimas corriam pelo meu rosto em abundância e um soluço de saudade e carinho me invadiu.

Inesperadamente vi, diante de mim, meus avós paternos, muito emocionados. Minha avó, Maria da Conceição Rodrigues, desencarnada em 2006, usava pequenos brincos argolados nas orelhas, cabelos curtos, e apertava as mãos como se quisesse conter a emoção; e meu avô, Manoel Domingues, desencarnado em 1980, trajava o seu clássico terno azul-marinho, cujo *blazer* emoldurava uma alvíssima camisa branca. Ele estava emocionado e orgulhoso. Sim, seu neto estaria de volta a Portugal na tribuna espírita. Meu avô foi médium, assim como a minha avó. Ele me olhou com doçura e, com sua voz grave, falou:

— Vai, meu filho, fala aos portugueses sobre a santa doutrina!

Fiquei tão comovido e, ao mesmo tempo, envergonhado. Teria mesmo condições de falar aos portugueses? Quem era eu? O menino gago analfabeto de quem todos riam na escola? Eu estava mesmo palestrando fora do Brasil? Sim, estava!

Meu avô sorriu e me endereçou um beijo espalmado, e ambos desapareceram.

Chorei durante todo o voo da França a Portugal. Não conseguia parar, tamanha a emoção. O mais estranho foi que, ao embarcar, uma multidão de Espíritos embarcou comigo. Eu chorava e a comissária de bordo perguntava em sotaque lusitano se estava tudo bem, mas eu não tinha condições de responder. Com muito custo, pude controlar a emoção no momento de ser recebido pelos companheiros lusitanos, queridos.

No dia 12 de abril de 2011, no palco do belo salão da Associação Espírita de Leiria, enquanto me preparava para dar início à palestra "Memoráveis diálogos de Jesus" em companhia de dona Isabel Saraiva, presidente da instituição, minha avó apareceu para mim novamente. Parecia nervosa, como se quisesse ter dito algo no encontro anterior que não conseguiu dizer, por causa da emoção. Olhou-me com ternura, chorando emocionada, apertando as mãos e buscando se controlar. Estava envolvida em muita luz. Disse-me:

— Meu filho, perdoe-me, não sabíamos por quem eras.

Ao dizer essas palavras, olhou para trás e, no palco da Associação Espírita de Leiria, apareceram para mim dezenas de Espíritos, organizados como em um coral, usando roupas de época e sorrindo em minha direção. Minha avó então explicou que eram os Espíritos amigos ligados à minha tarefa que tinham ido comigo da França a Portugal. Falou de minhas experiências reencarnatórias na Europa e do meu compromisso com a divulgação do espiritismo. Afirmou que as tarefas aumentariam e que eu deveria perseverar. Aqueles Espíritos me protegeriam, contou, e eu seria exposto ainda a muito mal, pois que o mundo se demora na rejeição ao bem. Depois, concluiu:

— Sê corajoso, meu filho!

E desapareceu.

Aquele pedido de desculpas de minha avó tinha um sentido que somente eu conhecia. Comecei no espiritismo muito jovem, aos quinze janeiros, e nunca mais parei. Uma vida toda de intenso trabalho. Minha avó, quando ainda estava encarnada, dizia:

— Menino, menino... Para que tanta correria? Tu achas que vais abarcar o mundo fazendo tanto. Quando estiveres mais velho, não aguentarás o peso. Melhor parar ou ir mais devagar.

Eu nunca a obedeci, mas fiquei com aquela marca no coração.

Mais tarde, anos depois de sua desencarnação, ela veio corrigir o engano e me mostrou a equipe espiritual à qual estamos ligados.

Sua voz ainda ecoa na minha memória: "Não sabíamos por quem eras." Ela não disse que eu era alguma coisa, mas que representava algo, trabalhava pelas bênçãos de uma coletividade de Espíritos em uma espécie de ponte entre Europa e Brasil.

Em Portugal, ugal, avó apareceu p... Estava envol... muita luz. Dis...

— Meu filho, perdoa-me, não sabíamos por quem eras.

Aquele pedido de desculpas de minha avó tinha um sentido que somente eu conhecia.

Ela não disse que eu era alguma coisa, mas que representava algo, trabalhava pelas bênçãos de uma coletividade de Espíritos em uma espécie de ponte entre Europa e Brasil.

AMEAÇA DE MORTE

OS DESAFIOS DE SER PRESIDENTE DE UMA CASA ESpírita são muitos.

Fundei o Centro de Estudos Espíritas Nosso Lar em Campinas, SP, quando contava 22 anos. Sempre fui sério e comprometido.

Com o tempo, as tarefas foram aumentando, mas eu estive sempre presente, orientando, aconselhando e apoiando os companheiros.

Quando fundamos a revista *Fidelidade Espírita*, montamos um departamento editorial que se reunia às segundas, quartas e sextas-feiras, às onze horas da noite. Era o único horário que tínhamos disponível. Cerca de oito pessoas compunham o departamento.

Em uma das reuniões, lá pelas primeiras horas da madrugada, o telefone tocou. Atendi e ouvi uma ameaça de morte. Do outro lado da linha, a voz disse:

— Ou você para com essa loucura de reuniões pela madrugada ou algo muito grave vai lhe acontecer. Acabe com isso já!

36

Pensei até que era um Espírito obsessor! Fiquei todo arrepiado e decidi não contar o ocorrido a ninguém.

Nos dias que se seguiram, as ameaças se tornaram cada vez mais graves, e logo os meus pais passaram a receber, em casa, ligações sugerindo a minha morte.

Bem... Foram dias difíceis. Entretanto, perseverei e não suspendi as reuniões.

Por razões diversas que não explicarei aqui, encontrei-me com a pessoa que me ameaçou pessoalmente. Fiquei espantado ao descobrir quem era: o pai de um dos membros do grupo! Indignado com as reuniões de madrugada e com a ausência do filho no lar, resolveu me ameaçar. Jamais contei a esse companheiro os horrores que suportei por parte do pai dele.

Ao longo dos anos, fui administrando o ódio dele por mim. Aconteceu que ele teve uma doença grave e, em questão de dias, desencarnou. O filho pediu a minha presença no velório; queria que eu fizesse uma homenagem ao pai e orasse por ele. Pensei: "Se eu aparecer no velório para a oração é capaz de o defunto ressuscitar. O homem me odiava, como é que vou ao velório dele? Parecerá uma afronta."

Assim, não fui!

Passaram-se meses e a família começou a ter perturbações em casa, pedindo-me comparecimento para oração. Então, no centro, orei por eles e o Espírito do homem me apareceu. De novo, me ameaçou:

— Não ouse aparecer em minha casa!

Então, entendi tudo. A perturbação era causada por ele que, embora morto, não abandonava o próprio lar. Dei nova desculpa e não fui à casa desse amigo para orar por eles, embora o fizesse todos os dias, em silêncio, pela família e pelo "morto".

Nova luta se fez: pela minha ausência nesses episódios, eles ficaram com raiva de mim. A família inteira passou a dizer:

— Você socorre todo mundo, mas nos abandonou.

Eu não podia contar o motivo da minha ausência, dizer que o pai já era perturbado quando vivo e continuou assim quando "morto". Nem que ele continuava a me ameaçar. Permaneço em silêncio até hoje, e a família jamais me perdoou.

Guardei esse segredo sem jamais ter exposto quem quer que seja, porque sei que um dia, do outro lado da vida, eles saberão toda a verdade. Oro por todos eles, os filhos, a esposa e o pai "morto".

Para me proteger, eu teria de expor o pai deles, contar-lhes os seus desatinos, e não achei justo, a pretexto de me defender, desfazer a figura do pai correto e bom que eles guardavam no coração.

A mediunidade exige compromisso, silêncio e compreensão da vida...

As ameaças se tornaram cada vez mais graves, e logo os meus pais passaram a receber, em casa, ligações sugerindo a minha morte.

Aconteceu que ele teve uma doença grave e, em questão de dias, desencarnou. O filho pediu a minha presença no velório; queria que eu fizesse uma homenagem ao pai e orasse por ele. Pensei: "Se eu aparecer no velório para a oração é capaz de o defunto ressuscitar. O homem me odiava, como é que vou ao velório dele? Parecerá uma afronta."

A MEDIUNIDADE DA TIA MARIA

VENHO DE UMA FAMÍLIA DE MÉDIUNS. MEUS AVÓS paternos eram sensitivos notáveis.

Minha tia paterna Maria da Conceição Rodrigues Braga é médium também e aprendeu a benzer com sua mãe, minha avó paterna. Dada a minha natural sensibilidade, eu estava sempre doente, e minha mãe vivia correndo aos hospitais e às benzedeiras.

Quando eu contava 12 anos, fui acometido por uma fortíssima dor de cabeça, terrível. Sentia uma sombra se aproximar, mas não sabia identificar o que era realmente. Eu começava a gritar e a dor tomava conta de mim.

Sentia alívio somente quando tomava um comprimido chamado Cibalena, mas quando acabava o efeito, a dor retornava ainda pior.

Foi assim que a minha fama de ser doente da cabeça começou a correr pelos familiares, dada a demora em melhorar e a ausência de um diagnóstico por parte dos médicos.

37

Nós não éramos espíritas ainda, apenas médiuns, e meus avós e tios não tinham informações claras sobre a doutrina. Mas minha tia Maria era bastante dedicada às leituras variadas; era uma mulher de conhecimentos gerais, muito fervorosa nas crenças dos terreiros de umbanda que frequentávamos à época.

Foi assim que, uma manhã, ela pediu à minha prima Elaine que fosse me chamar. Morávamos todos em um vasto terreno adquirido por meu avô paterno, e cada filho tinha a sua casa. Tive a felicidade de conviver com seis primos. Não precisávamos de amigos, porque nos víamos todos os dias e eu, especialmente, fazia uma romaria pelo terreno, visitava por carinho e apreço a casa de todos.

Quando cheguei à casa de minha tia, ela me perguntou:

— Você está com dor de cabeça, meu filho?
— Sim, tia, estou!
— Há quanto tempo?
— Minha mãe disse que já passa de um mês.

Ali mesmo, na sala de estar, ela pegou um colar de contas de Nossa Senhora e, acompanhada de um livro de orações chamado Cruz de Caravaca, fez uma prece tão linda...

Nesse momento, a sombra se aproximou e a dor ficou insuportável. Quando comecei a gritar, minha tia ficou mais fervorosa na fé. Lembro-me de sentir que as mãos dela esquentavam muito a minha cabeça, e que ela orou com tanto amor por mim que a sombra saiu de perto, como se estivesse sendo expulsa de dentro de mim. A dor desapareceu na hora, e para sempre. Certamente era um dos meus inimigos do passado me atormentando, mas ambos fomos libertados.

×××

Quanto vale uma oração?

É claro que não fui curado pelo colar de contas de Nossa Senhora, nem pelo livro de Caravaca, mas pelo amor, pelos guias, pela mediunidade e pela oração de minha tia. Mas aquele era o entendimento que tínhamos à época, e, se não fosse a prece verdadeira dela, aqueles elementos não teriam tido ação nenhuma.

Hoje, somos todos espíritas. Minha tia continua fervorosa como médium dedicada e estudiosa das obras de Allan Kardec. Passista dedicada e médium disciplinadíssima, permanece socorrendo os Espíritos nas reuniões do Centro de Estudos Espíritas Nosso Lar, em Campinas, SP.

A sombra se aproximou e a dor ficou insuportável. Quando comecei a gritar, minha tia ficou mais fervorosa na fé. Lembro-me de sentir que as mãos dela esquentavam muito a minha cabeça, e que ela orou com tanto amor por mim que a sombra saiu de perto, como se estivesse sendo expulsa de dentro de mim. A dor desapareceu na hora, e para sempre. Certamente era um dos meus inimigos do passado me atormentando, mas ambos fomos libertados.

A
SEPULTURA

ERA UMA MANHÃ CHUVOSA E FRIA DO MÊS DE JULHO de 2005. Eu lecionaria à noite em uma das faculdades da cidade, mas passaria o dia no Centro de Estudos Espíritas Nosso Lar, em Campinas, SP, cuidando da área administrativa e de nossa revista. Estava sozinho na sede do centro que, na época, ainda ficava na rua Doutor Luíz Silvério.

Naqueles dias, já enfrentávamos lutas naturais para uma instituição religiosa. Nunca havíamos recebido doações significativas e estávamos acostumados a trabalhar para honrar as despesas.

Em meio às tarefas, ouvi a campainha. Não tínhamos atividades pela manhã durante a semana. Nosso portão era grande, de ferro e automático. Abri apenas uma pequena fresta e me surpreendi ao ver um senhor bem idoso, com frio, portando papéis dentro de um saco plástico. Ele perguntou:

— É aqui o Centro de Estudos Espíritas Nosso Lar?

38

Respondi afirmativamente. Naquele tempo, não havia nenhuma placa no portão que identificasse o centro.

— Eu tenho uma doação para fazer – falou o homem.

— O senhor está acompanhado?

— Vim com Jesus – respondeu ele, sorrindo.

Face ao seu bom humor, abri o portão e ele entrou sozinho. Andava devagar, com certa dificuldade, porém, muito alegre.

Recepcionei-o na antiga sala de multimídia (a de número quatro), que ficava no pequeno pátio próximo ao portão de saída.

Ele se sentou e, bem-humorado, perguntou o meu nome.

— Emanuel – respondi.

Ele sorriu.

— Meu filho, vim aqui em uma missão. Prometi a Deus que faria a doação da minha sepultura no cemitério. Não pude vir antes, pois viajei às pressas! Prometi que a doação seria feita para o Centro de Estudos Espíritas Nosso Lar.

Fiquei muito feliz! Enfim, uma doação! Nunca tínhamos recebido nada significativo, e naquele momento ganhávamos, mesmo que a doação fosse uma cova. O valor era de aproximadamente cinco mil reais, um dinheiro imenso para nós à época. Então, ele tirou os documentos do saquinho plástico, mostrou-me a escritura e disse que o portador daquele material poderia requisitar o direito à propriedade da sepultura, porque já estava tudo em ordem no Cemitério da Saudade.

Recebi de bom grado, feliz da vida! Venderíamos o túmulo e o dinheiro seria empregado em nossas tarefas espíritas.

Ao terminar as tratativas, vi que ele se entristeceu.

— O que houve, o senhor está bem?

— Ah, meu amigo, estou, mas não estou!

— Como assim?

— Estou aliviado por ter cumprido a minha promessa de doar a tumba, mas angustiado por meu filho.

— O que tem o seu filho?

— Ele ficou muito bravo no cemitério, quando soube da doação.

— O senhor não tinha falado com ele sobre isso?

— Não, não consegui, não. Foi a própria administração do cemitério quem lhe informou. Ele tem procurado esses documentos há dias. E porque não os encontra, fica praguejando e me perturbando. Ele não merece, não, mas sabe como são os pais...

De imediato, eu lhe disse:

— Então, não se preocupe, pode levar a cova para ele.

Muito sério, o senhorzinho respondeu:

— De jeito nenhum, prometi que a doaria para este centro e está doada!

— Bem, se o senhor doou, ela agora nos pertence. Não é isso? – argumentei.

— Exatamente – disse ele com firmeza.

— Eu represento a instituição, então, em nome dela, estou "redoando" a cova para o senhor. Pode levar, liberte o seu filho.

O homem ficou muito alegre, levantou-se, abraçou-me, sorriu, chorou... Ao nos despedirmos, ele perguntou onde ficava o ponto de ônibus mais próximo. Disse-lhe que ficava a uns cinquenta metros dali, virando à direita.

Abri uma fresta do portão automático. Com a rua deserta, ele saiu devagarinho, andando com muita dificuldade. Eu estava tão atarefado que fechei o portão rapidamente. Depois, fiquei pensando que, idoso como ele era, pelo menos merecia ser levado ao ponto para pegar o coletivo, ou que eu o conduzisse de carro até o centro da cidade. Esses pensamentos duraram uns cinco segundos. Quando abri o portão novamente, o homem não estava mais lá.

Imaginando que ele tivesse ido para o lado errado, corri à esquerda, depois à direita. São distâncias mais ou menos longas, e o homem havia desaparecido! Ele andava muito devagar, não teria tido tempo de percorrer aqueles caminhos, e não havia carro esperando-o na rua. Se algum automóvel tivesse passado por ali nos cinco segundos em que mantive o portão fechado, eu teria ouvido. Perguntei às pessoas que estavam no ponto de ônibus se tinham visto o tal senhor, mas a resposta foi negativa.

Voltei para o centro e fiquei pensando: "Será que o homem era uma alma penada? Alguém desencarnado, preso ainda aos seus interesses?" Deu-me um arrepio.

Não sou do tipo crédulo, nem fanático; mas o caso fora impactante. Revendo, pela memória, o diálogo com o senhorzinho, eu parecia ouvir fragmentos da nossa conversa que então passaram a fazer todo sentido: "... não pude vir antes..."; "... viajei às pressas..."; "... não consegui avisar o meu filho..."; "... foi a própria administração do cemitério quem lhe informou..."; "... ele ficou muito bravo no cemitério, quando soube da doação..."; "... ele tem procurado esses documentos [...] E porque não os encontra, fica praguejando e perturbando..."

À medida que rememorava os últimos acontecimentos, eu arregalava os olhos. Na sequência, disparou-me o coração, apoiei-me nas paredes, voltei para a sala quatro, sentei-me e concluí: "Creio mesmo que o Espírito veio e conversou comigo. Felizmente, pude libertá-lo da angústia que o consumia."

×××

Que história mais curiosa para uma instituição que está entre os dois planos da vida: que nossa primeira doação recebida tenha sido uma sepultura, entregue pelo dono, pessoalmente, isto é: o próprio morto!

Sempre pensei que, se contasse isso algum dia, ninguém acreditaria... Mas é a mais pura verdade!

— Não se pr ocu
levar a cova p   e.

Muito sério, o senhorzinho respondeu:

— De jeito nenhum, prometi que a doaria para este centro e está doada!

— Bem, se o senhor doou, ela agora nos pertence. Não é isso? – argumentei.

— Exatamente – disse ele com firmeza.

— Eu represento a instituição, então, em nome dela, estou "redoando" a cova para o senhor. Pode levar, liberte o seu filho.

VOCÊ ESTÁ BEM?

OS ADVERSÁRIOS ESPIRITUAIS SEMPRE TENTAM DEsestabilizar os operários da bondade. Para isso, costumam utilizar-se do misticismo e do medo.

Era o mês de dezembro. Iniciávamos os preparativos para o Natal, e votos de um Ano-Novo feliz estavam por toda a parte.

Uma sexta-feira, uma das alunas aqui do centro parou-me e perguntou:

— Emanuel, você está bem?

— Sim – respondi –, estou ótimo.

— Menino – disse ela, baixando o tom de voz –, tive um sonho horroroso com você. Sonhei que você estava muito doente. Cuidado, viu!

Ouvi a informação, julgando-a exagerada, e não dei atenção.

No sábado pela manhã, eu estava em intensas atividades na sala São Paulo, nosso auditório de palestras, quando uma de nossas voluntárias apareceu espantadiça, pálida, arfante, espalhafatosa. Erguia as mãos, fazendo sinais de que queria falar comigo.

— Emanuel, você está bem?

— Nunca estive melhor.

— Cuidado, menino, sonhei com você. Rapaz, acordei toda trêmula e fico até arrepiada, olha só, olha! – e mostrou-me o braço com os pelos eriçados. – Sonhei – continuou a profetisa do apocalipse – que você estava internado na UTI. Parecia até um acidente, uma coisa horrorosa. Cuide-se, rapaz!

Pela segunda vez, não dei atenção ao relato.

No domingo, porém, eu estava arrumando a livraria quando uma trabalhadora entrou correndo e disse:

— Emanuel, Emanuel, ainda bem que lhe achei. Você está bem?

Nessa hora, fiquei meio atormentado e disse:

— Olha, eu já não sei mais, tem tanta gente dizendo que eu estou para morrer que agora estou quase acreditando.

— Mas é disso que eu quero falar. Tive um sonho pavoroso com você. Uma coisa de filme. Você não tem um carro preto?

— Sim, tenho!

— Então, menino – disse ela, aflita –, vi você capotar o carro três vezes. Aí você saia todo ensanguentado do carro e me pedia ajuda. Ah, rapaz, acordei o meu marido e fiz uma oração por você. Cuidado!

Nesse mesmo momento, veio falar comigo um senhor, igualmente pálido:

— Emanuel, Emanuel!

— Pois não!

— Acabei de sair da desobsessão. Rapaz, você precisa se benzer!

— O que é isso, seu João? Nós somos espíritas.

— Desculpe, foi modo de falar. O caso é que houve uma comunicação aterrorizante. O Espírito falou o seu nome e tudo. Disse que você sofrerá um acidente de automóvel, que farão seu carro capotar três vezes. Você não tem um carro preto?

— Sim, tenho!

— Então, é você mesmo. Ai, coitadinho de você. Cuide-se, Emanuel!

Recolhi-me em pensamentos espíritas e concluí: "Ora, os bons Espíritos não costumam nos aterrorizar assim. Sei que só vai me acontecer o que estiver dentro das leis divinas. Os amigos espirituais não nos enchem de medo a pretexto de nos advertir. Então, resta a ação das trevas que, pelo jeito, querem me desestabilizar pelo medo."

Entreguei-me a Deus confiante e continuei trabalhando.

Nada daquilo aconteceu, nada! É uma técnica das sombras: amedrontar para dominar. Mas o pior foi suportar o "alerta" desses companheiros, que toda semana me perguntavam: "Não bateu o carro ainda?"; "Você não ficou doente?"; "Não foi para a UTI?"; "O obsessor não te pegou ainda?"

Ficaram durante meses em uma torcida sem fim para que os sonhos se realizassem e para que a fala do obsessor se cumprisse. Espíritas invigilantes acabam se colocando a serviço das sombras, exaltados e desinformados quanto à beleza da doutrina dos imortais que nos fortalece e dignifica.

Se eu não tivesse um pouco de conhecimento do espiritismo, embarcaria na onda deles. Pessoas que, desejando fazer o bem, por invigilância, fazem o mal. Quantos andam por aí profetizando barbaridades?

Devemos nos lembrar da máxima do evangelista João: não acreditar em todos os Espíritos, mas provar se vêm da parte de Deus. [1Jo 4:1]

Os bons Espíritos nunca agem dessa forma. Não são imprudentes nem insensatos. Quando querem alertar, usam outros caminhos para nos orientar e proteger, e nunca aplicam como instrumentos de instrução o medo e o fanatismo.

Uma trabalhadora entrou correndo e disse:

— Emanuel, Emanuel, ainda bem que lhe achei. Você está bem?

Nessa hora, fiquei meio atormentado e disse:

— Olha, eu já não sei mais, tem tanta gente dizendo que eu estou para morrer que agora estou quase acreditando.

Entreguei-me a Deus confiante e continuei trabalhando.

O DINHEIRO NO CASACO

PARA MANTER AS DESPESAS DO CENTRO, REALIZA-mos, dentre outras atividades, um bazar de roupas e itens usados, que atualmente ocupa um espaço de mil metros quadrados. Temos uma equipe de triagem muito competente e dedicada.

Uma ocasião, quando passávamos mais uma vez por dificuldades financeiras, entrei no ambiente da triagem – que à época, ficava ainda no mezanino, onde hoje fica o nosso restaurante – para fazer o acompanhamento das tarefas para o bazar. Olhei para um saco de roupas e me veio uma sensação estranha. Como se houvesse dinheiro ali. Não era uma sensação vaga, era uma certeza!

Chamei a nossa administradora, Elizabeth Cristina de Souza Silva, e disse:

— Veja o que há nos casacos, nos bolsos das calças, olhe tudo, peça por peça. Vamos achar dinheiro aí. Alguém deixou de propósito e os guias estão dizendo que podemos usar.

Em menos de sete dias, uma das voluntárias encontrou no bolso de um *blazer* a quantia de R$ 6.250,00. Era o que precisávamos para fechar a conta.

Mais uma vez, saímos do sufoco com a ajuda da caridade, dos bons Espíritos e da mediunidade a serviço de Jesus.

Entrei no ambien[te]
para fazer o acom[panhamento]
das tarefas par[a...]

Chamei a nos[sa]
administradora [e dis]se:

— Veja o que há nos [s]acos, nos bolsos das calça[s, o]lhe tudo, peça por peça. V[a]mos achar dinheiro aí. Alguém deixou de propósito e os guias estão dizendo que podemos usar.

Em menos de sete dias, uma das voluntárias encontrou no bolso de um blazer a quantia de R$ 6.250,00. Era o que precisávamos para fechar a conta.

LEMBRANÇAS DE OUTRA VIDA

RECORDO-ME, COM MUITA ANGÚSTIA, DAS DIFICUL-dades cognitivas que tive na infância. Foram dias difíceis. O mundo demorou a fazer sentido para mim.

Eu não entendia o objetivo da escola e quase não compreendia o que se transmitia naquele lugar. Quando o processo de alfabetização começou, deflagrou-se a tragédia. Demorei muito para fazer as conexões necessárias.

À época, minha família e eu frequentávamos a Igreja Batista de Campinas, SP, bem no centro da cidade. Minha mãe era a cabeleireira da esposa do pastor. A comunidade mantinha uma escola próximo à prefeitura, o Colégio Batista de Campinas. Minha mãe conseguiu bolsas de estudos de cinquenta por cento para mim e para a minha irmã, além de uma carona com o pastor para irmos à escola. O dr. João Baptista e sua esposa Ruth Baptista foram almas generosas que nos ajudaram muito. Dona Marlene era a diretora do colégio e conduzia a instituição com muita dignidade.

41

Nasci com os pés tortos, o que levou minha mãe e eu a enfrentarmos muitas lutas. Tive de usar botas ortopédicas para a correção do problema. As lutas de minha genitora eram imensas: trabalhar e cuidar da família enquanto meu pai viajava, também a trabalho.

Os primeiros anos na escola foram de dificuldades cognitivas. Logo na primeira série do ensino fundamental, ao final do ano, a professora Dora Alice chamou a minha mãe e lhe informou que eu seria reprovado. Minha mãe apelou, perguntando se a professora era uma mulher de fé. A resposta foi positiva, e minha mãe continuou:

— Então, promova o menino, pelo nome de Jesus.

A professora me promoveu, e, já no ano seguinte, a nova profissional que me recebeu não gostou nada de ter um aluno que, na segunda série, ainda não era alfabetizado, e criou uma antipatia por mim, o que era muito compreensível.

Ao final desse ano, a professora solicitou uma reunião com minha mãe e lhe informou que eu ficaria retido. Minha mãe usou a mesma técnica do ano anterior, perguntando à professora se ela era uma mulher de fé. Só que dessa vez, não funcionou: a reprovação veio, sumária.

Com o agravamento de uma crise financeira, tivemos de abandonar a escola particular. Mas, graças ao auxílio da sra. Arita Petaná, então diretora da delegacia de ensino naquele período e, mais tarde, destacável vereadora em nossa cidade, conseguimos uma vaga, minha irmã e eu, no colégio Castorina Cavalheiro no bairro Guanabara.

Nosso impacto foi grande, pois as escolas públicas daquele período eram destruídas, feias e davam muito medo. Nos primeiros dias de aula, a professora pediu que levássemos um livro diferente daqueles que usávamos em sala. Falou o título, mas eu não memorizei. Chegando a casa, disse ao meu pai:

— Pai, a professora pediu um livro diferente.

— Qual livro, meu filho?

— Não sei pai, não me lembro do título. Mas sei que é um livro cheio de palavras.

— Meu filho – respondeu meu pai, um pouco contrariado –, todos os livros têm palavras.

— Eu sei, pai, mas esse é diferente. Conta a história das palavras.

— Ah, um dicionário?

— Isso, esse mesmo! Palavra difícil, não é pai?

— Não temos dinheiro para comprar um dicionário, diga isso à professora.

×××

Na semana seguinte, aprenderíamos a procurar palavras naquele livro estranho solicitado pela tia Eunice. No início da aula, estávamos todos tensos.

A professora pediu que colocássemos o livro das palavras sobre a mesa. Todos colocaram, menos eu. Fiquei gelado.

Ela andava pela sala de salto alto e batia com o giz na cabeça dos alunos. Passeou, passeou e foi à frente, ao centro da classe, bem no meio da lousa e informou:

— Como combinado, hoje é o dia de aprendermos a procurar palavras no dicionário. O primeiro a ser chamado será o Emanuel, porque ele veio de um colégio particular e, certamente, já aprendeu isso e mostrará a vocês.

Fiquei apavorado. Era analfabeto, não conseguia nem escrever o meu nome, menos ainda encontrar palavras naquele livro cheio delas. "Já que tem tantas palavras ali, por que ela mesma não escolhe uma, assim não tem de me perguntar?", pensei.

E porque ela me pediu que levantasse com o livro, eu disse:

— Tia Eunice, meu pai não teve dinheiro para comprar o dicionário.

Uma amiga de origem japonesa – Deus abençoe os japoneses, como são bondosos! – disse em alto e bom tom:

— Eu tenho dois e empresto um para você.

Gelei. Parecia enrijecer, a boca ficou seca e, repentinamente, meus olhos ficaram escuros. Senti que iria desfalecer, mas, de pronto, algo diferente aconteceu.

A escuridão deu lugar a uma claridade âmbar, construída pelo luciluzir das chamas de várias velas. Eu me vi em um mosteiro muito lindo. Estava atrás de um púlpito de madeira de lei todo talhado que representava personagens bíblicos, uma obra de arte.

Sobre a tribuna, um livro grande e preto com palavras alinhadas. Eu usava uma batina preta e era o professor daquela turma. Olhei para o livro sobre o púlpito e, imediatamente, lembrei-me de que sabia ler, e em latim, porque aquela era uma aula de latim.

Lembro-me de ver em detalhes o ambiente, uma espécie de biblioteca iluminada por velas. Eu era um professor enérgico e comprometido, irritado com a dificuldade dos alunos na declinação dos verbos daquele idioma.

Quando a visão se desfez, voltei a atenção para a sala. Todos me olhavam enquanto a professora se aproximava lentamente. Ela me olhou e disse:

— Emanuel, encontre a palavra banana.

Eu a encontrei imediatamente e li o seu significado.

Tia Eunice saiu às pressas para falar com a professora da sala ao lado, e pudemos ouvir a conversa:

— Laíde, Laíde!

— O que foi?

— O menino sabe ler!

— Impossível, a ficha diz que ele é analfabeto!

Elas sabiam que eu não era letrado e planejaram me expor diante dos demais alunos.

Tia Alaíde veio tirar a prova. Entrou decidida a desmascarar o aluno farsante. O silêncio era absoluto na sala. Eu, porém, permaneci confiante. Uma força se apoderou de mim. Ela me olhou com desconfiança, parecia que ia me desintegrar. Comprimiu o lábio inferior com os dentes, colocou a mão direita no meu ombro, levou-me até a frente da sala, ao centro da lousa, e determinou:

— Encontre a palavra zebra.

Zebra é difícil. A letra Z ficava no fim do livro. Mas eu me lembrei de que já sabia ler e encontrei a palavra imediatamente. Entretanto, não recordei apenas que já sabia ler, mas que era arrogante também, então disse à professora:

— Próxima palavra, por favor?

Ela fez um semblante tão feio... decepcionada com o meu acerto, que me deu um solavanco e me mandou de volta à carteira.

×××

Bem...

Era preciso que, em uma nova vida, o professor padre exigente retornasse e passasse por situações delicadas semelhantes às que fizera seus alunos do curso de latim enfrentar. Com isso, tornando-me professor novamente, apesar de minha exigência continuar a mesma, transformei-a em estímulo pelo conhecimento, incentivando e não mais sendo intolerante com os alunos com dificuldades cognitivas. Mas continuo sendo firme, amigo da ordem e da disciplina.

A reencarnação é uma grande bênção.

Ninguém passa por essa ou aquela dificuldade sem que lhe sirva de correção e aprimoramento.

— Enco[ntre] a pa[lavra.]

Zebra é difícil. [A palavra]
ficava no fim do li[vro, mas]
eu me lembrei de que [havi]a
ler e encontrei a p[ala]vra
imediatamente. E[ntr]etanto,
não recordei ap[e]nas que
já sabia ler, mas que era
arrogante também, então
disse à professora:

— Próxima palavra, por favor?

Ela fez um semblante tão feio...
decepcionada com o meu acerto,
que me deu um solavanco e me
mandou de volta à carteira.

NÃO VÁ A ROMA!

NO ANO DE 2011, VISITEI A CIDADE DE MILÃO, NA ITÁlia, a convite de Regina Zanella, dedicada trabalhadora do espiritismo naquele país. Fizemos seminários, palestras e orientações no porão de sua casa. Zilda Nascimento me acompanhou no apoio fraternal (pagando as próprias despesas com passagens e hospedagem), tornando-se um amparo importante.

Nossa última tarefa seria em Roma. Naquela época, havia um único centro espírita por lá e as atividades ocorriam na casa da fundadora.

Quando já estávamos com tudo pronto, Regina recebeu uma ligação, dizendo que a senhora havia fechado o centro, encerrado as atividades e iria visitar a filha em outra região italiana. Foi uma grande decepção.

Mas, Zilda e eu havíamos nos preparado para aquele momento e decidimos, já que a tarefa fora cancelada, irmos a Roma para fazer turismo. Combinamos tudo para o dia seguinte.

De madrugada, no quarto de hotel, acordei com ruídos, como sussurros, comentários de espanto e de reprovação. Ao abrir os olhos, vi o quarto cheio de padres e alguns cardeais, que falavam uns com os outros; todos tampavam as respectivas bocas com uma das mãos, como a segredar algo, na tentativa de evitar que, por leitura labial, eu entendesse o que diziam.

Lembro-me dos olhos deles... Traduziam espanto, indignação, raiva! Só pude ouvir algumas frases ditas por um dos cardeais:

— Espiritismo, aqui, não! Já fechamos aquele antro e este traidor volta para semear o que não deve? – E, olhando-me com fúria, voltou a falar: – Traidor, traidor, traidor...

Sua fala era acompanhada de uma espécie de coro pelos demais. Fiquei petrificado ao observar a cena.

Subitamente, desapareceram.

Nesse instante, Pietro Augustus,[5] que estava apoiado em uma das ombreiras da porta de entrada do quarto, descruzou os braços, franziu a testa e me disse muito sério:

— Não vá a Roma!

— Vou! – respondi convicto.

---

5. Pietro Augustus é autor espiritual da obra *Memórias e confissões: a saga de um Espírito convertido*, e Espírito amigo do médium Emanuel Cristiano.

Ele juntou os dedos de cada mão no gesto típico italiano, balançando-as ao mesmo tempo que olhava para o alto, como se dissesse "ele não sabe o que está dizendo" e repetiu enfático:

— Não vá a Roma!
— Por quê? – perguntei enérgico.
— Porque esses que viste por aqui são os teus adversários do passado. Consideram-te traidor por teres abandonado o catolicismo pela doutrina espírita. Se fores, eles te vão pegar e agir de modo a enlouquecer-te. Lembra das tuas dores de cabeça na infância e dos ataques de falta de ar? Eram eles. Pretendem enlouquecer-te.
— Mas você não está comigo? Não veio me ajudar? Não pode me proteger ou ficou fraco do dia para noite? – indaguei.

Ele me encarou e me arrependi na hora de ter dito o que disse, mas o estrago já estava feito.

— Emanuel – disse ele com enfado, ao mesmo tempo que andava pelo quarto e mexia na echarpe que eu havia ganhado. – Tu não deverias ficar com isto, quando voltar ao Brasil, doe-o para o bazar.
— Não vou doar nada, adorei o presente. Restituirei o centro em dinheiro e ficarei com a peça.
— Ótima decisão, então pague o dobro do valor real! Tu sabes que não deves visar a nenhum tipo de lucro com a mediunidade.
— Bem – interrompi –, e Roma?

Ele se sentou na única cadeira do quarto, pegou *O livro dos Espíritos*, pareceu folheá-lo e me disse:

— Como a tarefa na Cidade Eterna foi suspensa, nossos mentores mandaram que eu retornasse imediatamente ao Brasil. Se a palestra em Roma tivesse sido confirmada, teríamos um exército a proteger-te; mas, como foi cancelada, todos voltaremos às nossas atividades.

— Mas, e eu?

— Se tu fazes parte do exército, age como nós e volta para o Brasil.

— Mas quero fazer turismo, vou pagar do meu bolso.

— Vais pagar e ganhar uma grande obsessão. És tu quem sabe. Se fores a Roma, terás de ir sozinho.

E, aproximando-se, olhou-me bem no fundo dos olhos, meneou a cabeça e disse:

— Não vá a Roma! – e desapareceu.

Fiquei frustrado, mesmo assim agradeci a Deus pelo amparo de Pietro Augustus e dos demais Espíritos que me acompanham, alertando-me sobre as lutas do passado e reforçando que os benfeitores espirituais têm compromisso com o trabalho sério em benefício da humanidade e não com o turismo desconectado da tarefa espiritual.

O difícil foi informar a Zilda, que já estava toda empolgada para o passeio, que os Espíritos haviam cancelado o nosso turismo e me aconselhado a não ir à capital italiana sem um serviço espiritual programado.

Assim, obedecemos à espiritualidade, fizemos as malas e voltamos para o Brasil.

— Se tu fazes p[arte do] exército, age co[mo tal] e volta para o Brasil.

— Mas quero fazer turismo, vou pagar do meu bolso.

— Vais pagar e ganhar uma grande obsessão. És tu quem sabe. Se fores a Roma, terás de ir sozinho.

E, aproximando-se, olhou-me bem no fundo dos olhos, meneou a cabeça e disse:

— Não vá a Roma! – e desapareceu.

CATETERISMO ESPÍRITA?

UMA DAS ATIVIDADES ESPÍRITAS QUE MAIS ME EN- canta é a da fluidoterapia ou passes, pela maneira anônima com que agem os bons Espíritos por meio dos passistas.

No espiritismo, chamamos de passes a imposição de mãos que alguém de bom coração e conhecedor do espiritismo faz, doando energias por meio da oração. Os bons Espíritos aproveitam as vibrações dos passistas ampliando-as com o concurso do mundo espiritual.

Várias vezes, no Centro de Estudos Espíritas Nosso Lar, em Campinas, SP, vi passistas em exercício. Periodicamente, acompanho as tarefas para verificar se tudo está de acordo com o que a doutrina espírita ensina.

Uma ocasião, eu estava na sala São Paulo (nosso salão de palestras) quando os passistas entraram. Posicionaram-se diante dos assistidos e, quando os passes começaram, vi algo curioso que me marcou para sempre: alguns passistas ficaram com as mãos "acesas"; outros, com o coração; muitos, com a cabeça; e outros, ainda, com o corpo todo. A cena me fez lembrar daquele personagem do filme *Quarteto Fantástico*, o Tocha Humana. Os passistas acendiam de dentro para fora, mas quando os bons Espíritos entravam no ambiente, em absoluto silêncio, e dos passistas se aproximavam, a luz era intensa, quase não se via seus rostos, dada a influência dos amigos do infinito.

Isso sempre me comoveu.

Em outra ocasião, também em uma sessão de passes, um dos assistidos encarnado, um homem de cerca de 50 anos, na primeira fila, chamou minha atenção por algo que não sei explicar. Ele permanecia em silêncio, muito concentrado. Enquanto os passes eram ministrados, um Espírito, parecendo ser o de um médico, dele se aproximou. A entidade olhou para mim como se me pedisse para observar. Mostrou-me o indicador direito e, repentinamente, seu dedo se iluminou. Ele colocou a mão esquerda sobre o peito do assistido, iluminando aquele local, e eu pude ver dentro do corpo do homem. O coração pulsava, mas o Espírito me disse que ele infartaria em breve sem o procedimento que faria. Assim, com aquele dedo iluminado, o Espírito direcionou um feixe de luz a uma das veias fazendo movimentos específicos com o indicador, parecendo desobstrui-la. Cateterismo espírita? Ali, em menos de sessenta segundos, o Espírito resolveu aquele problema.

Vi quando o assistido deu um suspiro, parecendo sentir um grande alívio. O Espírito sorriu, soprou o dedo iluminado como se quisesse fazer um gracejo, a luz apagou-se e ele desapareceu.

×××

Fiquei pensando nos méritos daquele homem, ali, na hora do passe, sem escândalos, bisturi, maca, nada. Tudo na simplicidade dos bons Espíritos.

O estranho é que os frequentadores dos centros parecem fazer um favor em comparecer às reuniões de estudos e de intercâmbio mediúnico.

Uma ocasião, uma senhora me ligou perguntando se tinha mocidade e reunião mediúnica em um mesmo dia, porque ela não iria ao centro duas vezes na semana, não.

Pois é...

Não cuidamos de nossa espiritualidade, mas vamos duas, três vezes ao psicólogo, ao médico, ao psiquiatra, esquecidos de que quando fazemos o bem, os bons Espíritos cuidam de nós no trabalho.

Posso afirmar que matricular-se na bondade e participar das atividades do centro mais de uma vez na semana é um investimento em nós mesmos, no equilíbrio do corpo e do espírito.

Deus abençoe os passistas que erguem anonimamente e em oração as mãos sobre desconhecidos, mas, sobretudo, seja abençoada essa espiritualidade de luz que trabalha em nome de Deus nas casas espíritas e em toda parte.

Enquanto os passes eram ministrados, um Espírito colocou a mão esquerda sobre o peito do assistido, iluminando aquele local, e eu pude ver dentro do corpo do homem. O coração pulsava, mas o Espírito me disse que ele infartaria em breve sem o procedimento que faria. Assim, com o dedo iluminado, o Espírito direcionou um feixe de luz a uma das veias fazendo movimentos específicos com o indicador, parecendo desobstrui-la. Cateterismo espírita? Ali, em menos de sessenta segundos, o Espírito resolveu aquele problema.

O SOCORRO NA PANDEMIA

O ANO DE 2021 FOI DESAFIADOR.

As casas espíritas fecharam por conta da pandemia atendendo às determinações públicas. Os trabalhadores espíritas desapareceram do centro, mas os obsidiados continuaram, os doentes permaneceram. Grupos exaltados diziam:

— A presença física no centro não é necessária, pois os amigos espirituais atuam em nossas residências. O centro espírita será virtual!

Outros, enfáticos, argumentavam:

— Queremos ver agora esses beatos de centro, essa coisa igrejeira do espiritismo. Deus acabou com isso!

No meio desse tiroteio de amarguras, fiquei pensando: "E os obsidiados que não têm equilíbrio para orar em casa? Todas as residências terão o mesmo clima espiritual de uma casa espírita para favorecer a atuação dos bons Espíritos? E os doentes que não conseguem nem fazer uma prece, dada a perturbação das enfermidades? Quer dizer que isso acabou?"

Orei e decidi: devemos acolher o povo com passes em *drive-thru*. Nossa casa tem um estacionamento subterrâneo e isso facilitaria nossa organização.

Consultei a diretoria e muitos foram contra. Mas permaneci firme.

Quando lançamos a ideia, alguns frequentadores do centro me escreveram para dizer que estavam decepcionados com aquela prática, que parecia absurda. Não era necessário a presença no centro. Agradeci os comentários e continuei.

Incialmente, a tarefa era realizada aos domingos à tarde; depois, foi transferida para as manhãs, das nove às dez. Os voluntários compareciam em grande número, todos paramentados com luvas, máscaras, *face shields*, toucas e cumprindo com todo o protocolo de biossegurança, espaçamento de três metros uns dos outros etc.

Informei que a tarefa era perigosa e que não poderíamos nos responsabilizar pelo que ocorresse. Nosso departamento jurídico elaborou um termo de responsabilidade e todos assinaram.

Era a consciência espírita de que a tripulação não poderia abandonar o navio.

Imaginei que no primeiro dia ninguém compareceria, entretanto, mais de duzentos carros passaram pelo centro.

Os automóveis desciam a rampa e eram organizados em grupos de trinta carros. Providenciamos um sistema de som e pedíamos aos motoristas que abaixassem alguns centímetros do vidro para que pudessem ouvir a prece e a vibração.

Naquele tempo em que achávamos que todos iríamos morrer, os telejornais nos alucinavam com os números diários de mortes. Foi impactante ver o desespero no olhar das pessoas. Os idosos que apareciam para o passe choravam comovidos. Alguns levavam placas com palavras de gratidão que mostravam aos passistas, levando-os às lágrimas.

A tarefa ia bem, mas as finanças do centro não suportavam a ausência de colaboração. Com o povo ausente, não havia receita.

Temos um número significativo de funcionários e uma folha de pagamento respeitável a cumprir. Nossa fonte de renda, o Bazar Nosso Lar, muito respeitado em Campinas, SP, foi fechado pelos decretos municipais. Seria o fim da instituição no prédio em que estávamos. Nossa diretoria, sempre atenta, procurava poupar os frequentadores das lutas econômicas.

Nesse contexto, na madrugada de 4 de abril (um domingo de Páscoa), tive um sonho muito lúcido. Pela manhã, acordei com muita esperança. Logo cedo, mesmo sendo domingo, nosso departamento financeiro me avisou que o dinheiro havia acabado. Nunca, em vinte e quatro anos, isso havia acontecido. Mas o caixa estava zerado. Senti como se o Mar Vermelho tivesse caído sobre mim.

Desci para o passe como quem seguia para a guilhotina. Como pagar o salário dos funcionários?

Fizemos a atividade com devotamento, o que era bastante exaustivo. A equipe toda estava presente, a emoção brotava por toda parte. E eu chorei em silêncio sem poder partilhar com os demais as lutas internas do centro.

Ao terminar a tarefa, subi para falar como a nossa administradora Elizabeth Cristina de Souza Silva. Ela me apresentou os relatórios de sempre e sentenciou, cheia de "esperança":

— É o fim, acabou!

Beth nunca perde as esperanças em nada. Trabalha conosco há mais de vinte anos, sempre correta e ética em tudo o que faz. É uma trabalhadora dedicada; embora seja funcionária do centro, trabalha muito além do próprio salário. Mas, naquela manhã, tudo parecia estar acabado mesmo.

Analisei os relatórios e, cheio de fé e nenhum dinheiro, disse-lhe:

— Mas o pior é que a minha cabeça não para. Você acredita que nessa madrugada eu tive um sonho muito lúcido?

E contei o que havia sonhado: estava em um aeroporto que me era conhecido. Eu andava pelos vastos corredores carregando uma mala e procurando o meu portão de embarque. Inesperadamente, alguém me chamou: "Emanuel!" A voz era muito familiar, mas eu não reconheci o portador dela. A voz me chamou de novo: "Emanuel, Emanuel!"

Um homem veio ao meu encontro, desviando dos transeuntes. E porque o aeroporto estava lotado, para se esquivar das pessoas, ele ergueu uma sacola, dessas de papel *kraft*, mas bem reforçada, de modo que eu pude ver que a sacola estava cheia de cédulas. Quando ele se aproximou, olhou-me bem no fundo dos olhos e disse: "Emanuel, isso é para você!" Ao pegar a sacola, vi que ela estava cheia de dólares, abarrotada! O homem se despediu sorrindo.

No sonho, havia uma agência bancária no aeroporto. Entrei, procurei o gerente e disse que precisava abrir uma conta em nome do Centro de Estudos Espíritas Nosso Lar. O gerente, às pressas, providenciou a documentação. Assinei os cartões específicos, entreguei os dólares e o gerente me mostrou o saldo que, infelizmente, não lembro.

Quando acordei, estava feliz, porque o sonho foi tão lúcido que imaginei ter acontecido mesmo. Logo em seguida, no escuro, apalpei as cobertas e, frustrado, entendi: tinha sido um sonho.

×××

No momento em que contava o meu sonho para a Beth (às dez e quarenta e quatro da manhã daquele 4 de abril de 2021), recebi uma mensagem no WhatsApp. Foi inacreditável, mas aconteceu!

Um de nossos alunos do centro, que chamarei aqui de sr. R, mudou-se para os Estados Unidos a trabalho. O fato me causou certa tristeza, porque ele é um homem muito culto, idealista, e eu tinha esperanças de que fosse um de nossos expositores e nos ajudasse no centro. Então, nesse momento, ele me enviou a seguinte mensagem:

Emanuel, Feliz Páscoa! Tenho boas novas.

Estamos passando por momentos conturbados, para dizer o mínimo. Especialmente para nós que prezamos a racionalidade e a boa-fé, é muito sofrido perceber que estamos vivendo uma neoidade média, onde a razão deu lugar ao medo e à uma epidemia de orgulho, soberba e corrupção que nos imobiliza. Posso somente imaginar os desafios que você está enfrentando no centro.

Meu empreendimento é de outra natureza, mas temos um objetivo em comum: transformar o mundo em que vivemos. Felizmente, tive uma vitória em meio a toda esta crise. Vou lhe poupar dos detalhes, mas o fato é que toda a minha vida de trabalho e dedicação foi reconhecida e recompensada.

Sempre quis participar ativamente do centro, mas meus outros empreendimentos me consomem muito e minam a minha disponibilidade. Depois de um tempo, entendi que o meu caminho é outro, mas apenas temporariamente. Só daqui a cinco anos vou poder estar no Brasil e me engajar no centro, eventualmente dar aulas e executar pelo menos uma de minhas muitas ideias de projetos de promoção social. Antes disso, não conseguirei me dedicar e estarei longe.

Felizmente, agora tenho o privilégio de poder ajudar financeiramente em um momento que vocês devem estar precisando, creio eu. Queria doar [ele informou o valor] para o centro. Tenho certeza de que vocês farão bom uso do dinheiro. Como a quantia é alta, preciso seguir um certo protocolo e ter comprovantes da operação. Imagino que você já deva estar acostumado com esse tipo de atividade. Como você quer proceder?

×××

Foi inacreditável.

O dinheiro não veio em dólares, mas o doador estava nos Estados Unidos. O simbolismo produzido pela espiritualidade no meu sonho lúcido foi exato!

Sim... Acredito que os bons Espíritos, vendo nossos esforços em manter o centro funcionando, mesmo durante a pandemia, socorreram-nos, acionando a caridade do sr. R, o que sempre costuma acontecer quando a obra é de Deus.

Jamais esquecerei esse companheiro doador e a confiança que depositou em nós.

Durante a pandemia, as finanças do centro não suportavam a ausência de colaboração.

Tive um sonho muito lúcido: estava em um aeroporto. Um homem se aproximou e disse: "Emanuel, isso é para você!" Ao pegar a sacola, vi que ela estava cheia de dólares, abarrotada!

O sonho foi tão lúcido que imaginei ter acontecido mesmo.

Foi inacreditável, mas depois aconteceu.

O dinheiro não veio em dólares, mas o doador estava nos Estados Unidos.

DE NOVO A CLARIVIDÊNCIA

EU TRABALHAVA COMO COORDENADOR PEDAGÓGICO em uma escola de Campinas, SP, e estava muito preocupado com a presença de drogas entre os alunos. Fizemos uma força-tarefa e decidimos que, na nossa gestão, aquilo não seria tolerado. Foram aplicadas campanhas, orientamos os alunos e alertamos os pais.

Trabalhava comigo a Simone Victório, minha sempre dedicada e competente auxiliar de coordenação, hoje pedagoga, psicopedagoga e coordenadora pedagógica em um dos colégios da cidade. Decidimos fazer uma operação do bem: as drogas não venceriam!

Capacitamos os monitores, redobramos a atenção com os alunos, observamos comportamentos e, com uma técnica específica, encontramos as drogas e os alunos usuários. Pais foram chamados e informados.

A conversa com uma das mães foi difícil. Ela não acreditava que o filho era usuário de drogas e ele se dizia perseguido pela escola. Ela nos ameaçou dizendo que denunciaria a instituição à delegacia de ensino e nos pediu uma prova de que o menino estava mesmo usando drogas. Pedimos ao aluno que abrisse a mochila na frente da mãe. Ele assim o fez e a droga estava mesmo ali. A mãe nos olhou furiosa e disse:

— Vocês plantaram isso na mochila dele!

Informei que éramos pessoas sérias e que não tínhamos o menor interesse em uma situação como aquela.

Em prantos e fora de si, ela pediu:

— Quero uma prova contundente.

Nesse momento, tive uma clarividência. Vi o quarto do menino, bastante bagunçado; a escrivaninha, os patins vermelhos jogados ao lado dela, o *skate* debaixo da cama e o guarda-roupas em madeira planejada. Vi, psiquicamente, quando ele chegou ao quarto e colocou as drogas dentro das meias que a mãe dobrava (uma dentro da outra) formando uma bola. Essas meias estavam em uma prateleira dentro do armário ao lado da janela; acima dela, estavam alocados os brinquedos e os jogos que o menino não usava mais. Descrevi a cena do modo mais discreto possível, enquanto a visão se processava. Ao final, disse a ela:

— Procure dentro das meias, a senhora vai encontrar.

Enquanto isso, o menino dizia:

— Lá, não, mãe, dentro das meias não.

A mulher deixou o filho em nossa sala e, porque a distância entre a escola e a sua casa não era grande, foi e voltou em quinze minutos, completamente transtornada. Encontrara as meias e, dentro delas, as drogas.

O menino confessou. Ela perguntou como é que eu sabia, e como tinha conseguido descrever com perfeição o quarto do rapaz. Eu disse a ela que Deus tem caminhos e desconversei, visto que a escola não admitiria um recurso assim para resolver a questão. Todavia, a inexperiência materna jogou todo o nosso trabalho por água abaixo. Ela começou a alisar o filho e a dizer:

— Mamãe vai ajudar, filhinho.

Ele a convenceu de que um amigo plantara a droga nas meias e na mochila. Na manhã seguinte, ele escreveu em seu perfil numa rede social:

— Enganei a velha mais uma vez...

Eu trabalhava em uma escola e estava muito preocupado com a presença de drogas entre os alunos.

Encontramos as drogas e os alunos usuários. Pais foram chamados. A conversa com uma das mães foi difícil.

Tive uma clarividência:

— Procure dentro das meias, a senhora vai encontrar.

A mulher deixou o filho em nossa sala, foi à sua casa e voltou, completamente transtornada. Encontrara as meias e, dentro delas, as drogas.

NÃO SOU EU!

NOS GRUPOS DE DESOBSESSÃO, HAVIA UMA MÉDIUM bastante indisciplinada. Não aprendia a se comportar, apesar de todo o nosso esforço. Desencarnou já há alguns anos.

Nossa casa nos idos dos anos 2000, sempre com lutas financeiras, usava ainda aquelas cadeiras de plástico típicas de salões sem muitos recursos. Essa médium sofria de obesidade mórbida e tinha de se sentar em duas cadeiras sobrepostas para o seu maior conforto.

Durante o transe mediúnico, ela parecia potencializar as sensações dos Espíritos: ficava ofegante, arregalava os olhos, batia à mesa... fazia exatamente o contrário de tudo o que ensinávamos nos cursos de mediunidade. Eu observava e acreditava que setenta por cento de tudo o que ela fazia era uma expressão dela mesma, em uma tentativa sem propósito de convencer a todos que ela era uma médium forte.

Costumava fazer escândalos, pulava na cadeira e eu sempre achava que algum dia a cadeira não suportaria o contorcionismo que ela fazia.

Uma noite, algo especial aconteceu. Algo que me ajudou a entender, com mais clareza, o fenômeno mediúnico e como funciona a cabeça de alguns médiuns exaltados. Estávamos iniciando uma reunião mediúnica e já havíamos lido e comentado suscintamente a página do livro *Fonte viva*. As luzes foram diminuídas, fizemos a prece e os tarefeiros da mediunidade foram convidados ao exercício...

A referida médium começou a comunicação de um Espírito obsessor de maneira muito ruidosa. Soltava grunhidos, seus punhos cerrados caíam sobre a mesa de madeira produzindo estrondos, ela se agitava indo para a frente e para trás nas cadeiras de plástico, fazia gestos e sons como se fosse vomitar... Quando olhei para as cadeiras em que ela estava sentada, vi que as pernas de plástico começavam a entortar. Mas o Espírito parecia muito bravo mesmo.

Fiquei compadecido daquela médium que, àquela altura, suava, babava, gritava. Eu não entendia como alguém que havia estudado as obras de Allan Kardec com uma equipe experiente e dedicada como a nossa poderia agir daquela maneira.

Então, orei pelo Espírito para que ele agisse com menos violência sobre a médium. Orei com tanto carinho, pensando nos sofrimentos pelos quais ele poderia ter passado e o quão mal-educado ele era. Nesse momento, tive uma vidência. Olhei para a médium e o Espírito pareceu se irritar quando, em pensamento, lamentei por sua má educação. Ele me olhou com o rosto fechado, deu dois passos para trás, como se fizesse questão de que eu o visse, e começou a dizer:

— Não sou eu, não! Não sou eu! Veja, ela é a descontrolada!

E, afastando-se, apontava para si mesmo, mostrando-se alinhado, com uma roupa elegante, cabelos bem penteados, um *blazer* xadrez preto e branco em perfeita harmonia com uma calça de alfaiataria escura e sapatos reluzentes. Ele continuou, indignado:

— Eu não cometeria essa deselegância. Eu sou obsessor, sim, mas quem faz esse escândalo é ela. Ora! Depois vocês dizem que nós, os Espíritos, é que somos mal-educados...

E afastando-se indignado, concluiu:

— Deseducados são vocês, que não ensinam os médiuns direito. Nem para nos socorrerem eles servem mais!

E retirou-se, mal-humorado.

O Espírito já havia se desligado da médium, mas ela parecia não perceber. Por fim, do lado de fora, olhando pela janela, o Espírito com ironia disse:

— Acho que ela vai precisar de ajuda, as cadeiras vão cair.

Eu me aproximei, pedindo licença ao dialogador, e disse à médium:

— As cadeiras estão entortando, você vai cair e eu não conseguirei socorrê-la.

Ela deu uma sacudidela e o "Espírito" saiu na hora. Pela janela, o verdadeiro obsessor balançou a cabeça, gargalhou e concluiu:

— Viu? Nem Espírito tinha ali, ela é louca mesmo! Depois colocam a culpa na gente! Oh, povo esquisito...

Dito isso, desapareceu!

×××

Creio que nós, médiuns, deveríamos ter mais responsabilidade, estudando Kardec com afinco e agindo de modo a entender que a mediunidade não necessita de escândalos. A comunicação dos Espíritos está sujeita ao controle do médium e, assim, a disciplina é essencial no trato das questões mediúnicas.

A médium começou a comunicação de um Espírito obsessor de maneira muito ruidosa. Tive uma vidência. Olhei para a médium e o Espírito pareceu se irritar quando, em pensamento, lamentei por sua má educação:

— Eu sou obsessor, sim, mas quem faz esse escândalo é ela.

E afastando-se indignado, concluiu:

— Deseducados são vocês, que não ensinam os médiuns direito. Nem para nos socorrerem eles servem mais!

SURPRESA DOLOROSA

EU CONTAVA 15 ANOS QUANDO SOUBE DE UM GRUPO espiritualista no qual os Espíritos davam aconselhamentos por meio de médiuns. Eu ainda não era espírita, mas a curiosidade e o senso de pesquisa sempre me impulsionaram ao conhecimento.

Compareci a uma reunião do pequeno grupo e disse ao seu presidente que fazia pesquisas psíquicas. O nome pomposo me abriu as portas. Todos me receberam muito bem.

Fizeram rituais variados, os médiuns se posicionaram e o atendimento aos consulentes começou. Fiquei ao lado de uma médium que parecia ter bastante experiência. Eu estava emocionado, ansioso... Como o agrupamento era muito pobre, todos estavam em pé.

Eu estava com o meu bloco de notas pronto. Veio a primeira consulente, uma mulher de cerca de 40 anos. Ela se posicionou diante da médium parecendo aflita e com um pouco de medo, porque esfregava as mãos, tensas.

Olhei para a sensitiva e vi quando ela se sacudiu toda e bateu o pé com força no chão. A consulente se assustou, deu um pulo e olhou para mim. Fiz cara de experiente e disse:

— É normal, é assim mesmo! (Na verdade, eu não sabia nada, mas era um pesquisador psíquico aos 15 anos, meu Deus!)

Então, o Espírito "incorporado" à médium começou a falar:

— Seu pai!

— O que tem ele? – perguntou a mulher.

— Morreu – revelou o guia!

— Nossa! – exclamou a consulente. – Faz tempo que não vejo meu pai, mas não sabia que ele estava morto.

— Sim, está! – afirmou a entidade. – E ele quer falar com você!

A jovem senhora ficou emocionada. Eu também, e ela me deu as mãos, procurando apoio. Fiquei todo arrepiado e segurei as duas mãos dela, dizendo:

— Coragem!

A médium se sacudiu, bateu o pé no chão e eu, todo "experiente", disse a ela:

— O Espírito chegou!

Silêncio absoluto.

A face da médium se contraiu e uma voz grave disse:

— Filha?
— Pai?
— Filha?
— Pai? – repetiu a mulher, espantada e com os olhos arregalados fixados na sensitiva.

Eu, então, anotei no meu caderninho: "Filha não reconhece pai."

Repentinamente, o Espírito disse:
— Filha, eu morri.
— Papai, como você está?
— Mal, porque fiz uma promessa em Aparecida do Norte, não consegui pagar e por isso sofro. Você vai ter de pagar para mim a fim de que eu tenha paz.
— E o que o senhor prometeu? – perguntou a mulher.
— Subir as escadarias de joelhos.

A consulente, emocionada, disse:
— Eu subo, meu pai. Pagarei a promessa.
— Mas há outra coisa – disse o Espírito emocionado –, você precisa voltar para casa. Sua mãe está muito sofredora.
— Mas papai, eu não tenho recursos.
— Venda tudo o que você tem e volte. Faça isso por mim e por sua mãe, que passa fome.
— Meu Deus, papai!

Instintivamente, a médium "incorporada" abraçou a consulente, que me puxou para o abraço também. O Espírito chorava, a médium chorava, a mulher chorava e eu, para não fazer feio, comecei a chorar também. Foi uma comoção.

×××

Semanas mais tarde, a mulher voltou ao centro. Trazia o semblante carregado, o rosto pálido e os punhos cerrados. Entrou no recinto e foi logo gritando:

— Onde está a médium Fulana?

Ela havia faltado naquele dia, mas eu estava lá, firme e forte. A senhora recebeu a informação da ausência da sensitiva. Mas, passeando o olhar pelo ambiente, viu-me e gritou:

— Esse magrinho aí serve!

Eu, de fato, era vinte quilos mais magro naquela época. Aproximei-me e ela disparou:

— Ele é testemunha.

— Eu me lembro da senhora, o que houve?

— O que houve? – questionou ela, com uma das mãos na cintura e a outra com o dedo em riste. – Aquela médium que você conhece, que disse que meu pai estava morto, lembra?

— Sim, recordo-me; a senhora pagou a promessa?

— Claro, subi toda a escadaria de joelhos.

— E foi ver a sua mãe?

— Sem dúvidas, vendi tudo o que tinha e parti para o meu estado.

— E qual é o problema, por que a senhora está tão brava e descontente?

— Por quê? Porque quando eu cheguei à casa da minha mãe, com os joelhos ralados, emocionada, chorando de emoção, tendo vendido tudo o que eu tinha, a surpresa aconteceu.

— Que surpresa? – perguntei impactado.
— Meu pai está vivo!
Foi uma estupefação geral!
A consulente chorava, sentindo-se enganada; e, de fato, foi.

A situação não pôde ser contornada e ela saiu na certeza de que o mundo espiritual, pela triste experiência dela, era enganador.

Sim, meus amigos... Era um Espírito zombeteiro, brincalhão, irrefletido! Quanta responsabilidade ao lidar com os Espíritos.

Espírito é gente, e do mesmo modo que há pessoas bondosas aqui, há pessoas bondosas do lado de lá; da mesma forma que há pessoas enganadoras aqui, há pessoas enganadoras do outro lado da vida. Por isso o espiritismo é uma bênção: porque oferece à humanidade um protocolo de segurança nas tratativas com o mundo espiritual por meio das obras de Allan Kardec.

Vejamos a advertência e a orientação da ciência espírita no trato com os desencarnados que encontramos em *O livro dos Espíritos*, item 103. Kardec apresenta as características dos Espíritos levianos:

São ignorantes, maliciosos, inconsequentes e zombeteiros. Intrometem-se em tudo e a tudo respondem, sem se incomodarem com a verdade. Comprazem-se em causar pequenos desgostos e ligeiras alegrias, em aborrecer, em induzir maliciosamente ao erro, por meio de mistificações e espertezas.

Por isso, a mediunidade solicita estudo, disciplina, amor ao próximo e à verdade.

— Aquela médium que você conhece, que disse que meu pai estava morto, lembra?

— Sim, recordo-me. E qual é o problema, por que a senhora está tão brava e descontente?

— Meu pai está vivo!

Foi uma estupefação geral!

A consulente chorava, sentindo-se enganada; e, de fato, foi.

Sim, meus amigos... Era um Espírito zombeteiro, brincalhão, irrefletido! Quanta responsabilidade ao lidar com os Espíritos.

A MAIOR EMOÇÃO DA MINHA VIDA

EM ALGUMAS DAS REUNIÕES DE DESOBSESSÃO QUE fazíamos no centro, costumava se manifestar um Espírito muito vingativo. Ele possuía um ódio terrível por Jesus Cristo.

Foram mais de cinco anos atendendo esse Espírito pela mediunidade sem que ele apresentasse melhoras significativas. Lembro-me de que, quando ele se aproximava, eu retinha as mais estranhas e incômodas sensações. O meu físico se ressentia em desajustes de toda ordem.

Uma ocasião, depois dos anos de atendimento, sob o diálogo da querida professora Therezinha Oliveira, ele se arrependeu e se converteu à verdade. Mais tarde, começou a frequentar as nossas reuniões endereçando mensagens de apreço e cooperando com a equipe espiritual.

Não sabíamos o seu nome. Então, dona Therezinha lhe deu um apelido: "Convertido". E assim passamos a chamá-lo.

Quando dona Therezinha me perguntava quem havia escrito uma determinada mensagem, eu respondia, com simplicidade: "Foi o Convertido!"

Uma noite, durante os trabalhos mediúnicos de socorro aos necessitados, ele apareceu e disse tencionar escrever um livro contando a sua vida. Declinei, de imediato. Imagine, só: um ex-obsessor escrevendo um livro? Absurdo!

Sem muita elegância, tratei logo de dispensá-lo, dizendo com firmeza:

— Procure outro. Deus me guarde. Há um médium que recebe o dr. Bezerra de Menezes; há outra médium que recebe a Sheila. E eu serei médium de ex-obsessor? De jeito nenhum.

Na tarefa seguinte, assim que a reunião mediúnica começou em casa de dona Therezinha Oliveira, vi Convertido entrar ladeado por dona Yvonne Pereira e por Eurípedes Barsanulfo. Deu-me um arrepio de vergonha, se é que isso existe.

Nora se aproximou e me fitou, sorriu para eles e, de olhos arregalados, como a me censurar, disse-me:

— Convém aceitar que o Espírito escreva por teu intermédio.

Fiquei impactado; se ele, um ex-obsessor, estava em companhia de entidades tão evoluídas, quem era eu para negar alguma colaboração? Imaginei logo que ele, embora tivesse percorrido durante anos o caminho do mal, agora que estava renovado tivesse muito conteúdo a oferecer.

Iniciamos o livro e somente então soubemos o nome dele: Pietro Augustus. Como era uma obra autobiográfica que narrava as quedas e lutas de um Espírito que havia se convertido ao evangelho, dona Therezinha sugeriu que o título do livro fosse *Como o convertido de Damasco*. O Espírito explicou que ser comparado com o Apóstolo Paulo era muito para ele e pediu que a obra tivesse o seguinte título: *Memórias e confissões: a saga de um Espírito convertido*. Era o título ideal e dona Therezinha aceitou prontamente, compreendendo o propósito do pedido.

Ah, o livro... Foi escrito em quarenta dias, os piores da minha vida, porque a presença dele era muito perturbadora. O Espírito guardava inúmeros desequilíbrios e múltiplas lutas, e todas as emoções dele se projetavam sobre mim. Tive de ter uma disciplina de ferro para não me envolver com os desequilíbrios dele. Durante toda a recepção da obra, permaneci sem dormir, pois não conseguia nem sequer cochilar.

Naquele tempo, no ano de 2005, eu ainda era professor e dava aulas para turmas que iam desde o ensino infantil até o ensino superior, todos os dias. Era uma carga intensa de trabalho e, sem dormir por mais de trinta dias consecutivos, comecei a me sentir perturbado. Os coordenadores passaram a receber reclamações dos pais, porque eu estava tão perturbado durante as aulas que aplicava o material do ensino superior nas aulas para o ensino infantil, o conteúdo do ensino médio nas aulas para o ensino fundamental... Uma confusão sem fim.

Uma ocasião, na minha oração da noite, Pietro Augustus apareceu. Eu estava transtornado, com a cabeça perturbada e o corpo alquebrado; tinha desejo de suicídio e muitas outras perturbações. Dirigindo-se a mim com muita afabilidade, disse-me com a sua voz grave:

— Emanuel, isso que estás sentindo sou eu. Minha alma está assim. Preciso que sintas as minhas lutas internas para que grafes o meu pensamento com mais intensidade. Preciso que o público que venha a ler este livro sinta que meus crimes foram praticados pela minha intensa perturbação. Perdoa, amigo, mas isso vai demorar um pouco a passar. Preciso fazer com que tu sintas a minha alma, para que grafes a minha vida com total fidelidade. Sem essas emoções, o livro perderá a vida.

Confesso que fiquei um pouco contrariado com o que ele disse.

As perturbações foram ficando mais intensas. Como aquela tarefa poderia ser tão angustiante? Eu não precisava passar por aquela experiência dolorosa.

Em uma de nossas reuniões mediúnicas, apareceram sobre a mesa de trabalhos dois pés muito delicados de mulher. Perguntei de quem eram e Nora me disse que eram de Constanza Augustus, mãe de Pietro Augustus. Questionei o motivo de eu estar vendo somente os pés, e ela respondeu:

— É o que a tua condição moral te permite ver, nada mais.

Esse Espírito era tão evoluído que eu não tinha mérito nem sequer para vê-lo por completo! Então, na minha imaturidade, no meu cansaço e sob severo desequilíbrio promovido pelas emoções de Pietro Augustus, decidi parar de receber o livro, dizendo a mim mesmo: "Chega! Não tenho mais vida, que loucura é essa? Chega, definitivamente, chega! Quero o meu equilíbrio de volta." E, por vontade própria, parei de psicografar.

Passaram-se algumas semanas. Uma ocasião, quando eu estava na minha prece da noite e ainda morando com os meus pais, apareceu-me um Espírito tão lindo que, se eu fosse católico, teria pensado que se tratava de Nossa Senhora. Era uma jovem que usava uma mantilha alvíssima e coalhada de pequeninas pedras translúcidas que brilhavam intensamente. Ela se aproximou, ergueu a destra branquíssima e retirou o véu. Era linda e delicada. Olhou-me fixamente e o que ela disse eu jamais esquecerei:

— Emanuel, sou Constanza, mãe de Pietro Augustus. Pedi a Jesus que me permitisse vir aqui para agradecer-te. Agradeço-te, meu filho, por tudo o que fizeste pelo meu Pietro. Pelos mais de cinco anos aturando as vibrações asfixiantes do meu menino. Agradeço-te também pelo teu esforço em registrar o pensamento dele nesse livro. Sei que não é fácil, pois ele traz a alma com milênios de tormentos. Quem poderia suportar isso? Somente um coração idealista e bondoso que soubesse diluir os tormentos de um irmão sofredor em um mar de trabalho, e que conseguisse se fortalecer na água-viva do evangelho de Nosso Senhor. Pensamos em ti! Mas, compreendendo que o intento é por demais sacrificante e que tu não mereces esse incômodo, vim pessoalmente agradecer-te. Quero que saibas que nós te liberamos do livro. Encontraremos um substituto. Será difícil, é certo, porque tu trazes a mediunidade adequada, tens um vocabulário apropriado, guardas afinidade fluídica com o meu menino, e isso facilita o nosso trabalho. Deus há de nos ajudar a encontrar um outro médium. Mas quero que saibas que, por todo o teu esforço, por tudo quanto fizeste pelo meu Pietro, pelos dias tormentosos de tua vida, por tudo quanto suportaste em silêncio, o teu nome foi marcado com letras de fogo no meu coração.

Uma lágrima de luz escorreu pela sua face alvíssima de madona e ela desapareceu, deixando no ar vibrações de amor infinito.

Chorei copiosamente! Chorei de vergonha, por minha covardia, por meu capricho, por minha falta de entendimento. Roguei perdão a Deus, a Pietro, a Constanza, e no dia seguinte estava na reunião dando continuidade ao livro. Foi a maior emoção da minha vida!

×××

Completei quarenta dias sem dormir! Quando a obra foi concluída, o Espírito de Nora me explicou:

— Meu filho, os adversários de Pietro Augustus, contrários à obra, aguardavam-te, por ocasião do teu desdobramento pelo sono para torturar-te do lado de cá e desestimular o teu trabalho.

Um pouco aborrecido, perguntei:

— E os nossos amigos espirituais, não teriam como me proteger?

— Sem dúvida meu filho, mas os Espíritos aos quais eu estou ligada, por bênção e honra de trabalho, são muito sérios e ocupadíssimos, e não têm tempo para pajear-te. E como tu não tens ainda a evolução necessária para a tua autoproteção, as entidades maiores, que dirigem os nossos serviços, determinaram que deverias permanecer acordado, por proteção, até que concluísses o trabalho. Veja, meu filho, quanto carinho do mundo espiritual. Foi o modo que os bons Espíritos encontraram de proteger-te. Seja feliz, meu filho, Jesus requer esse tipo de dedicação.

Agradeci e pensei cabisbaixo, sob o peso do dever: "Carinho, quanto carinho..."

Chorei copiosamente! Chorei de vergonha, por minha covardia, por meu capricho, por minha falta de entendimento. Roguei perdão a Deus, a Pietro, a Constanza, e no dia seguinte estava na reunião dando continuidade ao livro. Foi a maior emoção da minha vida!

A CARTA DE PIETRO AUGUSTUS[6]

EMANUEL CRISTIANO, CARÍSSIMO!
Acabaste de completar 32 anos!
Desde os primeiros meses da tua atual reencarnação, estive contigo desejando, na minha demência, aniquilar-te sem saber quem eras. Somente mais tarde reconhecer-te-ia.
Tua mãe, vez por outra, recorda, emocionada, o 30 de novembro de 1975, quando, hospitalizado, tiveste a vida salva por curioso fenômeno psíquico. Aproveitando-nos das tuas naturais expiações, julgamos perturbar a enfermeira que, naquele dia, confundiu os medicamentos. Quase te retínhamos nos braços, quando poderosa voz sacudiu a tua genitora

---

6. Mensagem do Espírito de Pietro Augustus publicada em *Memórias e confissões: a saga de um Espírito convertido.* EAK: Campinas, SP, 2006. pp. 233–237.

que, repleta de luz, exigiu fosse o soro retirado, devolvendo-te a saúde. O que a senhora dos teus dias desconhece é que foram os teus guias que, ao nos surpreenderem os propósitos sinistros, clamaram aos céus por ti, salvando-te a vida.

Lembra-te dos trinta degraus, dos quais rolaste aos três de idade? Induzimos a serviçal. Da quase asfixia no saco plástico? Hipnotizamos-te. Os teus pés tortos? Pretexto para lançar-te ao solo e enlouquecer-te. Os teus sonhos perturbadores? A nossa presença. Os teus ataques pulmonares? As nossas mãos invisíveis agarrando-te o pescoço indefeso. As tuas homéricas dores de cabeça? As nossas vibrações negativas. O traumatismo craniano que sofreste? Pensas em acidente? Antes fosse! A nossa nefasta atuação, meticulosamente planejada, fez com que pulasses do veículo em movimento almejando conduzir-te aos braços da morte. O desastre de automóvel aos vinte e um janeiros? A nossa ardilosa influência!

Muitos dos teus sofrimentos físicos e morais, nos anos primos da tua existência, tiveram nos obsessores a sua gênese. Fomos nós, os Espíritos iludidos, aterrorizados com a tua reabilitação.

Temendo fosse a tua mediunidade o meio de recolhermos a imputação dos nossos erros do pretérito, dado que o nosso ódio de ti não nos permitia afastar, tencionamos matar-te. Entretanto, as leis divinas visam ao progresso e Deus não concedeu aos Espíritos perturbados o gerenciamento dos Seus editos; por isso, limitados no intento original, decidimos perturbar-te tudo fazendo por confundir-te e desviar-te do caminho.

Os teus adversários antigos, dos quais fui cego servidor, determinaram expor-te ao ridículo, tumultuando as tuas capacidades cognitivas, impedindo o teu desenvolvimento intelectual, engendrando, no início da tua vida escolar, a repulsa e antipatia dos teus lentes e as provações que bem conheces.

Quando chegaste ao espiritismo, tudo fizemos por enlouquecer-te, desanimar-te, desacreditar-te e fascinar-te.

Porém, ao fundares o Centro de Estudos Espíritas Nosso Lar, vimos-te renunciar ao luxo e ao fausto dos nossos antigos templos, abraçando uma choupana de concreto como a igreja renovada da tua vida. O teu entusiasmo enfureceu-nos e deflagramos a crise de 1997 que te deveria tragar definitivamente, afastando-te, por necessidades materiais, dos teus compromissos espíritas.

Todo o nosso esforço foi inútil!

Comprazíamos com a tua pobreza e a miséria da tua minúscula "igreja". Ríamos dos teus sonhos. Almejavas um salão de palestras para duzentas pessoas e te vias confinado num cubículo que comportava vinte espectadores. Pensavas em construir, construir! Da nossa parte, bradávamos coléricos: "Nunca! Nunca!" Debochávamos da tua disciplina e das tuas lágrimas silenciosas.

Mas, para nosso espanto, a misericórdia divina caiu sobre ti e, brevemente, os mensageiros comprometidos com a doutrina espírita aportaram, silentes, à *ekklesia* que fundaste, e Nora, a mentora que te assiste, acompanhada do irmão Simplício, que fala por teu intermédio durante as tuas pregações, atuaram mais de perto.

Diante disso, pela tua resignação, teimosia cristã e pelo concurso das entidades que laboravam junto ao teu coração, as trevas, que contigo cirandavam, dissiparam-se.

Com este livro [*Memórias e confissões: a saga de um Espírito convertido*], libertamo-nos e, paradoxalmente, reaproximamo-nos de maneira transformada um do outro. Hoje compreendo que nossa presença infausta serviu-te como dorida – porém necessária – prova, a fim de fortalecer-te o caráter!

Todavia, desejo que saibas do meu arrependimento.

Desculpa se te constranjo a grafares estas linhas publicando-as, mas é para o teu próprio bem, representando a vontade dos que planejaram esta tarefa.

Solicito tenhas coragem, porque as almas pouco comprometidas com a fraternidade vincularão o teu nome ao meu, imaginando em que espécie de crimes te envolveste, insinuando estejas ligado diretamente à loucura do passado que me pertence.

Sê intrépido e nunca te defendas. Tua consciência reta e o teu amor pela verdade bastarão por apresentarem-te, incólume, diante das leis divinas.

Compreendo a dificuldade em suportar-nos durante anos e, principalmente, durante a produção deste trabalho, mas sabe: ganhaste um amigo para toda a eternidade, pois que os bastidores desta obra somente tu, eu e os amigos do infinito conhecemos!

Se te pedimos para levares a público esta missiva é porque muitos "críticos", caçadores de fenômenos, ainda desconhecem a delicadeza da mediunidade como mecanismo reparador e de transformação humana e não sabem que escrever livros, mediunizado, é muito diverso de empunhar o lápis, simplesmente, e grafar vocábulos moralistas. O mediunato com Jesus exige disposição, disciplina, estudo, sintonia, exercício, aperfeiçoamento, submissão à verdade e ao bem, coragem, autoridade moral e humildade, a fim de que o médium se sinta, apenas, como intérprete ou porta-voz de ideias espirituais. Exatamente assim, superando os percalços do caminho, o medianeiro aprenderá a vencer-se diuturnamente, livrando-se das vaidades, superando-se sem autopiedade, progredindo na medida em que trabalha em nome do evangelho.

Por isso, caro confrade, segue adiante sem que te afastes do Consolador uma única vírgula.

Segue com Jesus, e roga à bondade divina conceda-nos novos encontros.

Apega-te a Kardec e prepara-te para outros testemunhos, recolhendo, por trabalho pessoal e inalienável, a palma do cristianismo que ora, de consciência renovada, aceito e te ofereço como símbolo imorredouro de uma sincera amizade.

"Muitos críticos [...] fenômenos, ainda [...] a delicadeza [...] como mecanismo reparador e de transformação humana e não sabem que escrever livros, mediunizado, é muito diverso de empunhar o lápis, simplesmente, e grafar vocábulos moralistas. O mediunato com Jesus exige disposição, disciplina, estudo, sintonia, exercício, aperfeiçoamento, submissão à verdade e ao bem, coragem, autoridade moral e humildade, a fim de que o médium se sinta, apenas, como intérprete ou porta-voz de ideias espirituais."

PIETRO AUGUSTUS AVISA QUE VAI REENCARNAR[7]

QUANDO EU VOLTAR...

A VIDA É FORÇA DIVINA QUE MARCHA INEXORAVELmente. O progresso é o seu destino, a pluralidade das existências é lei que conduz o ser à purificação.

Da mesma maneira pela qual a alma, ligada ao corpo, sabe que dele se libertará pelo fenômeno biológico da morte, o Espírito errante também sabe que retornará ao educandário terrestre por meio da reencarnação.

Todos temos de progredir, todos temos de consertar os erros e saldar os débitos de outrora enquanto nos desenvolvemos moral e intelectualmente.

---

7. Mensagem do Espírito de Pietro Augustus psicografada pelo médium Emanuel Cristiano em 25 de maio de 2011.

É assim que tudo serve, que tudo se encadeia na Natureza, desde o átomo primitivo até o arcanjo, que também começou por ser átomo. [Allan Kardec, *O livro dos Espíritos*, resposta à questão 540]

A humanidade comprova, agora, a unidade do plano divino!

O planeta, ainda por milênios, comportará os filhos de Deus que devem se depurar. Contudo, o retorno causa, para os Espíritos pouco adiantados, medo e insegurança! Sim, pois que paira a dúvida: "Vencerei?"

E vozes dos céus, que zelam pela humanidade e que, do mesmo modo, purificaram-se, cantam: "Nenhuma ovelha se perderá do meu aprisco". [Jesus, *Jo* 18:9]

Entretanto, mesmo sabendo que do alto há programação e que os homens não podem parar o progresso, pedimos a Deus que não sejamos, mais uma vez, pedra de tropeço em nossa trilha e em nenhuma outra!

✳✳✳

Penso no meu retorno à carne...

Embora sustentado pelos amigos do infinito, medito com preocupação sobre o meu plano reencarnatório, sobre as lutas e os sacrifícios necessários à minha reabilitação.

De alma renovada, pedi um corpo que não fosse esculpido por Apolo. Roguei, ainda, um defeito físico que me impeça de desviar-me. Mas os engenheiros biológicos, os geneticistas do além, arautos do futuro, disseram-me que não tenho méritos para tanto. Que, no meu caso, terei de me expor perante os meus piores vícios, um pouco em cada existência, para vencê-los de vez!

Roguei, então, aos economistas espirituais, tarefeiros da política perfeita do amanhã, que concedessem a pobreza por lídima companheira, a me fortalecer o caráter, a me manter, por condição social, contido no orgulho e na vaidade. Todavia, os cooperadores do bem-estar, os sociólogos etéreos, sabedores de que a sociedade em desordem é resultado da imperfeição do espírito humano, negaram-me a solicitação, alertando-me que eu não tinha horas de trabalho benemérito para tão bela proteção.

Terei de suportar as asas da fortuna e viver sob os tormentos do poder, carregando, como Atlas, um mundo de riquezas iníquas, e sofrer, como Midas, o horror de reencontrar, em cada toque, o ouro da ambição enlouquecida, devolvendo-o a quem é de direito.

Tendo agora as mãos iníquas a serviço da justiça, deverei empregar os recursos materiais em benefício das obras do Senhor.

Pedi, então, por misericórdia divina, pais instruídos na cultura e na moral. Entretanto, os Espíritos responsáveis pela ética no mundo, sobre quem paira a sabedoria por virtude preclaríssima, informaram-me de que na Terra nada fiz para granjear afeições que me pudessem orientar no futuro. Pensei que, para a minha vitória, genitores honestos e pétreos nos princípios da moral evangélica, disciplinados, austeros, poderiam, como podem, ser a minha salvação. Compreendi os ministros do saber e, reconhecendo as minhas limitações, quedei-me!

Recordei os meus desvios centenários e não me permiti autopiedade. Portei-me como um soldado à frente da batalha.

Desertar? Jamais!

Seguir adiante é o único caminho!

×××

Entrementes, sem me consorciar ao desânimo, recolhi-me às reflexões. Tombei a cabeça, mortificado pelos crimes; meu rosto, transfigurado em dor, entre as minhas mãos criminosas e tisnadas de sangue, porém sedentas de trabalho honesto para a redenção. E, rememorando os terríveis e intermináveis anos de expiações na vida etérea, chorei... Não o pranto da covardia e da autocompaixão que nos acastelam no ócio vaidoso, mas o choro do fel e da quássia no remorso purificador. Derramei, dos olhos contristados, o sal fustigante da culpa que conduz ao arrependimento e à reparação. Verti as amaradas lágrimas da consciência desperta, ciente de que é preciso abandonar, definitivamente, uma existência salaz e continuar...

×××

Foi, então, que mãos conhecidas me tocaram os ombros, e uma fragrância, para mim sublime e peculiar, recendeu no ambiente.

Tomado por vibrações excelsas, reconheci: "Constanza, minha mãe!" Diáfana para os meus sentidos, mas a mesma santa dos meus felizes dias.

Levava consigo um casal cujas almas eram marcadas pela palma do martírio. Entendi, então, com lampejos de alegria... seriam eles, certamente, os meus futuros pais! Preparavam-se para a reencarnação missionária.

Atendendo aos pedidos de minha genitora, cujos méritos eram resplandecentes, retornariam ao educandário terrestre como Espíritos bem desenvolvidos na arte de amar e de renunciar pela fraternidade universal. Deixariam, momentaneamente, seus sublimes afazeres para mergulhar na carne e disciplinar um novilho rebelde, ou melhor, transformar um bode em ovelha.

Almejei abraçá-los, mas não possuía forças!

Aproximaram-se, então, e, num amplexo fraternal, oscularam-me a face envergonhada com lábios de coragem e apreço. Disseram-me não terem autorização para permanecer reencarnados além de quatro decênios, por compromissos ingentes e sérios na vida do infinito. Aproveitariam o tempo para reerguer Espíritos falidos, construindo educandários, escolas e centros de espiritismo.

Meu futuro pai me abraçou e, em um sussurro de esperança, beijou-me a fronte, encorajando-me:

— Conta comigo!

Não contive a emoção, reconhecendo não os merecer.

— Não se trata de merecimento, Pietro, o progresso pelo trabalho é lei – alertou-me, paternal. – Expiaste duramente, pós-morte física, múltiplas falhas, e te arrependeste verdadeiramente dos teus crimes; perdoaste vários inimigos e te apresentas, agora como destacado paladino, valoroso nas intenções, lúcido em relação às justas que enfrentarás. É natural que não te faltem amparo e proteção. Escuta: para que não te percas no egoísmo e aproveitando o pedido de tua mãe, aquela que temos por santa dos nossos dias, matriculamo-nos no programa de retorno voluntário ao mundo para reerguer os desventurados, desgraçados e esquecidos pelos homens. Levaremos conosco mais três Espíritos, teus adversários do passado, que serão teus irmãos. Quando da nossa ausência, as lutas deles te solicitarão amparo e atenção, mantendo-te no caminho reto, evitando os teus gritos de evoé. Nossa residência, no planeta, será tomada pela obsessão logo nos primeiros anos do teu retorno e dos teus futuros irmãos. Tu sabes que, por expiação natural, eles sofrerão as mais terríveis perseguições, e tu, as mais severas possessões. Por meio da tua mediunidade, a presença dos adversários espirituais ficará evidenciada, convencendo-te da imortalidade e convocando-te às tarefas espíritas, à renovação e ao perdão.

Minha futura mãe se aconchegou, segurou nas suas as minhas mãos trêmulas e me tranquilizou, dizendo:

— Acalma-te! Teremos o espiritismo por divisa, o Consolador por assistência, Constanza por mentora e irmão Simplício será o teu guia na mediunidade. Rogarei a Jesus que me conceda, ao teu lado, mais alguns anos além do programado. O teu futuro pai terá de retornar no tempo aprazado, confiemos...

Despedimo-nos, sensibilizados, em meio a vibrações de fraternidade e gratidão que as palavras não conseguem expressar.

×××

Entre os meus soluços de emoção, Constanza, a minha santa mãe, envolveu-me em seus braços de amor. Retirou da túnica alva como os lírios e cintilante como as estrelas, pequena lauda dobrada ao modo de minúscula folha de papiro e anunciou maternal:

— Quando a alma pranteia, na coragem do recomeço, cada lágrima é uma prece diamantina a evolar, cantando hosanas ao Criador. – E continuou, emocionada e maternal: – Filho meu, tenho aqui o único pedido que te foi concedido.

— A casa espírita?! – perguntei, em um repente de emoção.

— Sim, vida! Retornarás a ela, não mais como perseguidor, mas como reparador, servidor e continuador... Nossos amigos te vão receber!

Uma cortina d'água cobriu os meus olhos e, então, não mais a vi.

×××

Sabendo agora que a um centro espírita de Campinas voltarei, necessito que, no porvir, ele se encontre com as mesmas estruturas doutrinária e moral que o caracterizam hoje.

Irmãos! Para vós que vos encontrais em boa marcha, a quem o fardo de um pretérito culposo não pesa, pode parecer exagero o que escrevo; mas, para aquele que saiu do paul de si mesmo e necessita encontrar o equilíbrio por meio do trabalho, a purificação por meio da renúncia, a vossa casa torna-se essencial.

Então, de posse do meu testemunho, ouvi:

A voz que vos fala é a do miserável em busca de pão.

É a voz do enfermo que almeja a saúde.

A voz do criminoso que, tendo expiado parte da culpa no país das sombras, necessita, agora, de remissão.

Do perturbado, em busca de paz!

Do homicida que retém, na acústica da consciência, os revérberos de acusações justas e injustas.

Quem vos fala é a voz que jaz no marnel da culpa, Tântalo a rogar clemência, e que luta com todas as forças disponíveis por se reerguer.

×××

É provável que para vós, os equilibrados diante da vida ou aqueles que os próprios crimes ainda não enfrentaram, minha fala soe melodramática, a impressionar com uma verborragia demasiadamente prolixa, ou um estouvado do mundo dos Espíritos a ocupar-vos o tempo útil em vossas sessões.

Desculpai-me!

Talvez eu mesmo, se convosco estivesse, pensaria da mesma maneira sob o ácido do meu intelecto.

A voz que vos fala, por meio da mediunidade, é a do desesperado que aprendeu a silenciar a alma e a trabalhar. A do tirano que teve de se apagar a fim de se ocultar dos inimigos e pacificar as emoções para algo produzir; mas é, sobretudo, a mente consciente do que se tem de fazer para a reabilitação.

Desse modo, quando os meus adversários me perseguirem no mundo e a obsessão se transformar em tortura abençoada, que desperta e renova, deverei buscar-vos.

×××

É por isso que clamo!

Por uma casa espírita livre de fantasias em que resplandeça a doutrina dos imortais com simplicidade e pureza.

Por um núcleo onde o poder não seja disputado como nas igrejas tradicionais, e no qual, apesar da marcha e das lutas pessoais de todos nós, Espíritos em ascensão, a doutrina seja preservada para que jamais percamos o norte: Jesus e Kardec!

O viajante, quando sabe que enfrentará dias difíceis no deserto e que deste não escapará até concluir a jornada, enche-se de ânimo e alegria quando compreende que, em algum lugar no percurso, haverá um oásis refazedor.

Para mim, na viagem de volta, na romagem do corpo e no silêncio de minhas lutas, o centro espírita não será mero ambiente geográfico ou espacial para o refrigério do corpo e da alma; será sublime educandário em cujas salas haverei de haurir a água-viva do evangelho.

Irmãos!

Não vos escrevo para vos sensibilizar, escrevo para informar!

Porquanto, hoje sou eu a implorar-vos; amanhã, quem sabe...

Preservai, por favor, a casa espírita por nós, os desencarnados e encarnados, pela humanidade!

Pureza doutrinária não deve ser uma ocupação de "intelectuais" que, por vezes, pretendem-se acima do comum do povo por praticarem o espiritismo "corretamente".

Para nós, os Espíritos desencarnados que vão reencarnar, pureza doutrinária é o modo como entendemos o sagrado na doutrina e como o praticamos santamente, sem mesclas, vaidades e intolerância, mas, sobretudo, com zelo cristão.

Para aqueles que querem equilibrar-se e libertar-se perante a vida, é imperiosa uma escola que nos ensine a Verdade e, principalmente, professores, mestres, lentes, corifeus, companheiros que nos sejam exemplos.

Sim, a responsabilidade é grande porque o trabalho de reeducação moral da humanidade é grave e necessário para o mundo de regeneração que se apresenta.

As instituições devem viabilizar o melhoramento dos homens por meio de uma organização cristã. Não uma organização como as que a história leciona, templos cristãos sem Cristo, mas refertas de espiritualidade, nas quais as línguas de fogo atuem, diuturnamente, autorizando os homens a evangelizar com palavras de vida eterna.

xxx

Irmãos!

Apresentai o vosso intelecto, estudai Kardec e preservai a nossa casa.

Não apenas o vosso patrimônio material, construído com trabalho, renúncia e honestidade, mas, sobretudo, o nosso patrimônio espiritual!

Vigiemos, constantemente, para que práticas exteriores não dominem o nosso centro!

Que a discórdia não se instale entre nós!

É preferível que o joio se aloje, temporariamente, em nosso templo, do que negar o Cristo com lutas internas e ferinas, imprecações e violência de qualquer natureza.

Imitemos, irmãos, o Mestre!

Façamos a nossa parte e entreguemos o resultado das atitudes pessoais e intransferíveis à consciência de cada um.

Mas que os desvios não venham por nós, que o caos não se instale por nós, que a nossa luta seja silenciosa, que o posicionamento, sempre necessário, seja feito por meio do argumento límpido, e, sobretudo, pelo poder irrefutável do exemplo e da autoridade moral.

Jamais exaltemos os modismos que afrontam a cerebração!

Que os nossos cursos exaltem a simplicidade do evangelho e a sublimidade da doutrina espírita.

Que a codificação nunca desapareça. Sejam suas páginas estudadas, analisadas, dissecadas, compreendidas, vividas e compartilhadas. "Fazei isso em memória de mim." [Jesus, *Lc* 22:19]

Que o esclarecimento, incessante, seja o nosso grande protetor, engendrando espíritas lúcidos, conscientes de que se sentirão, naturalmente, convocados e arrastados pela própria consciência na manutenção e na construção de nossas obras benemerentes.

×××

Trabalhemos incansavelmente por um núcleo em que todos laborem reconhecendo e respeitando as nossas limitações; em que o diferente receba um olhar de misericórdia, incentivado ao equilíbrio pessoal.

Por uma casa em que a palavra "solidariedade" seja letra viva em cada coração.

×××

Não espero a perfeição, é óbvio; desejo, meramente, fazer parte dos construtores do futuro, porque um centro assim é coisa que todos teremos de construir, empreendendo ingentes esforços e múltiplas vidas!

Amigos, eis o meu pedido, a minha súplica, o meu testemunho!

Não desejo a vossa piedade. Suplico por vosso trabalho na manutenção da casa que será a minha libertação e a minha salvação pelo labor espírita!

Quando eu regressar, irmãos, muitos de vós estarão do lado de cá e verão, com os olhos da Verdade, o que vos imploro agora!

Trabalhai, amigos, para que não vos suceda o mesmo que sucedeu comigo, isto é, o constrangimento, pelos erros de agora, na redação de uma missiva no futuro aos corações responsáveis por manter na Terra o trabalho de Jesus, implorando-lhes, como eu, em súplicas de misericórdia, que não desviem nem perturbem a preciosa estrutura doutrinária do centro espírita que, pela pureza, entendimento e vivência do espiritismo, vos impedirá de falir outra vez!

×××

Colaborai com o Cristo, companheiros, na formação de um mundo melhor.

Quando eu voltar, beneficiar-me-ei do vosso trabalho, da vossa renúncia, e tende certeza de que o que fizerdes hoje ecoará por todo o infinito!

Antecipadamente vos agradeço, e vos guardarei no mais puro do meu coração. E, desde agora, prometo: quando na Terra eu estiver, trabalharei para manter e ampliar os vossos patrimônios material, moral e espiritual, para que, quando chegar a vossa vez de retornar, encontreis, também, a vossa casa em condições de impulsionar mais o vosso progresso e de glorificar o Senhor no planeta.

Trabalhai preservando, por piedade, a doutrina dos Espíritos no vosso centro para que, pela bondade divina, eu a reencontre pura, qual manancial de luz e instrumento de redenção quando eu voltar...

Irmãos!

Apresentai o vosso intelecto, estudai Kardec e preservai a nossa casa.

Não apenas o vosso patrimônio material, construído com trabalho, renúncia e honestidade, mas, sobretudo, o nosso patrimônio espiritual!

Vigiemos, constantemente, para que práticas exteriores não dominem o nosso centro!

Que a discórdia não se instale entre nós!

É preferível que o joio se aloje, temporariamente, em nosso templo, do que negar o Cristo com lutas internas e ferinas, imprecações e violência de qualquer natureza.

Imitemos, irmãos, o Mestre!

POSFÁCIO

ESTE É UM LIVRO DE MEMÓRIAS.
Selecionei os casos não de forma cronológica, mas de maneira a tornar a leitura mais leve e agradável.

Rememorar esses episódios dos meus quase 50 anos de vida me comoveu e me motivou ainda mais.

Pude constatar, ao longo deste trabalho, a proteção espiritual que se abateu sobre mim.

Foram nove tentativas de morte por parte dos Espíritos obsessores e de todas saí ileso. Foram inúmeras as situações de constrangimentos que atrapalharam a obra do bem. Entretanto, vencemos!

Entendo que esse amparo se deu por eu ter assumido um compromisso com o espiritismo e em tudo ter agido com honestidade e dedicação.

Fora dessa sintonia superior, conquistada pelo trabalho, eu estaria certamente entregue aos meus adversários espirituais.

Considero também que essa proteção se deu pela misericórdia divina e por um programa dos amigos espirituais para minhas tarefas espíritas.

Se faria tudo de novo? Certamente!

Agora, mais amadurecido, experimentado, e tendo passado pelo fogo da traição, da injúria, da perseguição, do preconceito, do abandono e da inveja, sinto-me mais preparado para continuar.

Sigo trabalhando em silêncio, sem desanimar. Compreendo que tudo é trabalho, que nada é fácil e que Deus carece dos braços humanos no mundo.

O espiritismo é uma bênção em minha vida.

A mediunidade é, para mim, a oportunidade sagrada de desenvolvimento pessoal e de evolução.

Imagine, amigo leitor, o quanto aprendi com as experiências narradas neste livro! E como me tornei um ser humano melhor ao longo desses anos!

Sim, considero uma honra suportar as dificuldades naturais do caminho que leva ao progresso e trabalhar na seara mediúnica, socorrendo e sendo socorrido.

É assim que me despeço de seu coração, amigo leitor, agradecendo o tempo que me dedicou lendo essas páginas e desejando que as respectivas narrativas, de alguma forma, estimulem em você o bom combate.

Se você, trabalhador do bem, médium ou não, estiver no capítulo das lutas da vida, passando por provações severas, tenha calma! Espere, não desista. É assim mesmo!

É durante as dificuldades da vida que nos conhecemos e nos tornamos mais fortes.

Quando tudo for escuridão, e no dia que lhe parecer o mais difícil da sua vida, nesse momento é que tudo começará a melhorar. Confie, Deus lhe conhece. Não desista, nunca! Cada dificuldade enfrentada pelo trabalho do Cristo na Terra vale à pena. Assim, suportando o mal e fazendo o bem é que nos purificamos e nos aproximamos de Deus.

Fique firme e siga trabalhando.

Com fraterno carinho,

— EMANUEL CRISTIANO, outono de 2023

Quando tudo for escuridão, e no dia que lhe parecer o mais difícil da sua vida, nesse momento é que tudo começará a melhorar. Confie, Deus lhe conhece. Não desista, nunca! Cada dificuldade enfrentada pelo trabalho do Cristo na Terra vale à pena. Assim, suportando o mal e fazendo o bem é que nos purificamos e nos aproximamos de Deus.

Histórias *reais*
L ições *imortais*

© 2023 *by* InterVidas

DIRETOR GERAL
Ricardo Pinfildi

DIRETOR EDITORIAL
Ary Dourado

CONSELHO EDITORIAL
Ary Dourado, Ricardo Pinfildi, Rubens Silvestre

DIREITOS DE EDIÇÃO

Editora InterVidas [Organizações Candeia Ltda.]
CNPJ 03 784 317/0001–54   IE 260 136 150 118
Rua Minas Gerais, 1520 Vila Rodrigues
15 801–280 Catanduva SP
17 3524 9801   www.intervidas.com

DADOS INTERNACIONAIS DE CATALOGAÇÃO NA PUBLICAÇÃO [CIP BRASIL]

C933h

Cristiano, Emanuel [*1974]
  Histórias reais, lições imortais
  Emanuel Cristiano
  Catanduva, SP: InterVidas, 2023

  320 pp. ; 15,7 × 22,5 × 1,7 cm

  ISBN 978 85 60960 30 9

1. Mediunidade   2. Histórias
3. Biografia   4. Espiritismo
I. Cristiano, Emanuel   II. Título

CDD 133.9   CDU 133.7

ÍNDICE PARA CATÁLOGO SISTEMÁTICO

1. Mediunidade : Espiritismo : 133.9
2. Histórias : Biografia : Espiritismo : 133.9

EDIÇÕES

1ª edição, 1ª tiragem, outubro de 2023, 3 mil exs.

Impresso no Brasil   *Printed in Brazil*   *Presita en Brazilo*

COLOFÃO

TÍTULO
Histórias reais, lições imortais

AUTORIA
Emanuel Cristiano

EDIÇÃO
1ª edição

EDITORA
InterVidas [Catanduva SP]

ISBN
978 85 60960 30 9

PÁGINAS
320

TAMANHO MIOLO
15,5 × 22,5 cm

TAMANHO CAPA
15,7 × 22,5 × 1,7 cm
[orelhas 9 cm]

CAPA
Ary Dourado

REVISÃO
Beatriz Rocha

PROJETO GRÁFICO & DIAGRAMAÇÃO
Ary Dourado

TIPOGRAFIA CAPA
Mutable [Regular, Medium, SemiBold]
[*by* Paulo Goode]
Audacious [Italic, Medium, Medium Italic]
[*by* Monotype]

TIPOGRAFIA TEXTO PRINCIPAL
Audacious Regular 12/16
[*by* Monotype]

TIPOGRAFIA TÍTULO
Mutable Medium 22/26, 48/48
[*by* Paulo Goode]

TIPOGRAFIA CITAÇÃO
Audacious Regular 11/16
[*by* Monotype]

TIPOGRAFIA NOTA DE RODAPÉ
Audacious Regular 11/16
[*by* Monotype]

TIPOGRAFIA OLHO
Audacious Italic 20/24
[*by* Monotype]

TIPOGRAFIA DADOS & COLOFÃO
Audacious Medium 10/12
Audacious SemiBold 8,5/12
[*by* Monotype]

TIPOGRAFIA FÓLIO
Mutable SemiBold 11/11
[*by* Paulo Goode]

MANCHA
103,3 × 162,5 mm 29 linhas
[sem fólio]

MARGENS
17,2 : 25 : 34,4 : 37,5 mm
[interna : superior
: externa : inferior]

COMPOSIÇÃO
Adobe InDesign CC 18.5 x64
[Windows 10]

PAPEL MIOLO
ofsete Sylvamo Chambril
Book 75 g/m²

PAPEL CAPA
cartão Eagle Plus High
Bulk GC1 250 g/m²

CORES MIOLO
1 × 1 cor
Pantone 300 U

CORES CAPA
4 × 1 cores
CMYK × Pantone 300 U

TINTA MIOLO
Toyo

TINTA CAPA
Toyo UV

PRÉ-IMPRESSÃO CTP
Platesetter Kodak
Trendsetter 800 III

PROVAS MIOLO
RICOH Pro C5100s

PROVAS CAPA
Canon IPF 6400

IMPRESSÃO
processo ofsete

IMPRESSÃO MIOLO
Heidelberg Speedmaster
SM 102-8

IMPRESSÃO CAPA
Komori Lithrone S29

ACABAMENTO MIOLO
cadernos de 32 pp.,
costurados e colados

ACABAMENTO CAPA
brochura com orelhas,
laminação BOPP fosco,
verniz UV brilho com reserva

PRÉ-IMPRESSOR E IMPRESSOR
Lis Gráfica e Editora
[Guarulhos, SP]

TIRAGEM
3 mil exemplares

PRODUÇÃO
outubro de 2023

Ótimos livros podem mudar o mundo.
Livros impressos em papel certificado FSC® de fato o mudam.

Todos os direitos autorais desta obra são destinados para o
Centro de Estudos Espíritas Nosso Lar, em Campinas, SP
[www.nossolarcampinas.org.br]

 intervidas.com
 intervidas
 editorainterviidas